Tibor Deri
NIKI

REČ I MISAO
NOVA SERIJA
386

S mađarskog preveo
ALEKSANDAR TIŠMA

Pogovor
DAVID ALBAHARI

Urednik
DRAGAN LAKIĆEVIĆ

TIBOR DERI

NIKI
Priča o jednom psu

IZDAVAČKA RADNA ORGANIZACIJA „RAD"
BEOGRAD, 1988.

NASLOV ORIGINALA

NIKI
Egy kutya története

...premda Nerva Trajan iz dana u dan povećava sreću našega doba, te je javna bezbednost dospela ne samo do nade i želje, nego i do toga da se želja ostvaruje, ipak, zbog slabosti ljudske prirode, lekovi deluju sporije nego bolest; i kao što naša tela rastu polako a brzo propadaju, tako je i talente i nauke lakše potlačiti nego uskrsnuti... A tek kad pomislimo da su za petnaest godina, što predstavlja veliki deo ljudskog veka, mnogi pali od slučajnih nedaća a najvrsniji kao žrtve vladareve surovosti!

(Tacit: Agrikola)

Pas, tada još bezimen, prodro je u domaćinstvo Janoša Anče s proleća 1948. godine. Profesor i inženjer Janoš Anča, ranije sa službom na Šumarsko-rudarskoj akademiji u Šopronu, beše dobio premeštaj za Budimpeštu; pošto je pola godine uzalud čekao da dobije stan u prestonici, iznajmio je u okolini, u Čobancu, blizu sentandrejske lokalne pruge, dve nameštene sobe; odatle je izjutra odlazio u kancelariju, a vraćao se kući tek kasno, na večeru, koju bi njegova žena, u nedostatku kuhinje, spremila na rešou. Bilo je veče i kada se pas pojavio.

Koliko se dalo razabrati u polumraku kojim je suton obavio baštu, bio je to foksterijer, verovatno mešavina oštrodlake i mekodlake vrste. Njegovo vitko telo pokrivala je kratka, glatka, bela dlaka bez ijedne mrlje ili pegice, samo su mu uši bile lešnikove boje, sa po jednom crnom prugom u korenu. Ta dva uha, uostalom, svedočila su o poznatoj koketeriji prirode, jer su oba, zajedno sa svojom okolinom, nosila različite crteže, njihove boje različit raspored. Sa levog uha spuštala se smeđa kriška napred po glavi sve do trepavica. Pod desnim uhom njuška je ostajala nedirnuto bela, ali se tamna pruga — kao razigrana protivteža belini polovice njuške — pozadi pružala duboka po vratu, čak malo niže od linije gde psi nose ogrlicu, pa se onda proširivala u crn četvorougao, dosta pravilan, s obzirom na to kakvi se četvorougli i drugi pravilni oblici mogu očekivati od prirode. Dodajmo ovome dva velika blistava oka na osnovici trouglasto izdužene glave, a u donjem uglu nosić, isto tako blistavo crn, kao da je premazan viksom, pa ćemo moći reći da smo skicirali, malo površno doduše, ljupku priliku koja se bila namestila pred Ančinim nogama.

Ovaj ju je neko vreme pažljivo posmatrao. Pas je sedeo na stražnjim nogama i podignute glave uzvraćao inženjerov pogled.

— Dakle, šta je novo? — upita ovaj najzad.
Čuvši taj glas, u kojem mora da je osetio nešto simpatije, pas je ustao, zašao Anči za leđa i onjušio mu noge. Pognute glave, uvlačio je inženjerov miris najpre sleva a onda zdesna, male crne nosnice mu se drhtavo ugnuše. Anča je strpljivo podnosio da se životinja do mile volje upozna sa ovim, za nju najshvatljivijim čovekovim prostiranjem. Činilo se da srce psa prihvata miris sa istom simpatijom kao maločašnje treperenje glasnih žica. Opet se pojavio spreda, i uspravivši se na stražnjim nogama, položio svoje šapice na profesorovu butinu.

Tom prilikom se moglo konstatovati da je ženka i da pod gubicom nosi proretku belu bradu, što je nedvosmisleno odavalo izvesnu primesu oštrodlake vrste. I bele obrve opisivahu iznad očiju čupave lukove kao u oštrodlakih foksterijera, dok su noge, u sve gušćem sumraku bašte, izgledale neuobičajeno duge i tanke. Bez ikakve sumnje, ne beše čiste pasmine. Uprkos tome, inženjer je pomilova po glavi.

Počev od toga trenutka sudbina Ančinih beše zapečaćena. Ako malo isprednjačimo u našoj priči, možemo odmah reći da se keruša, uprkos svem zaricanju i protivljenju bračnoga para, posle izvesnog vremena, konačno nastanila kod njega. Protivljenje je imalo teoretske osnove i očito zato nije postiglo potrebni stepen dejstva. Oboje su voleli životinje, naročito pse, no pošto im je sin jedinac izgubio život kod Voronježa, a ženi je otac poginuo za vreme jednog od „totalnih" bombardovanja, bračni drugovi behu svesni da ljubav ne predstavlja samo duševnu korist nego i teret, i da u srazmeri sa svojom veličinom okrepljuje, ali i muči. Čovek je bio prevalio pedesetu, žena četrdeset petu, i nisu želeli da se prihvataju novorođenih odgovornosti. Ali nezavisno od sličnih obzira, ni zamisliti se nije moglo da u tadašnjim teškim stambenim prilikama drže psa, još manje da sa ulice pokupe jedno sasvim nepoznato štene koje tako malo pristaje njihovim godinama, uz to ženku koja bi i svojim porodičnim brigama povećala njihove sopstvene.

Anča pozva ženu, koja je u kući prala suđe. Keruša — za koju se docnije ispostavilo da sluša na ime Niki — beše već tada počela svoje lukavo udvaranje, verovatno privučena profesorovim dopadljivim glasom i mirisom, a ništa manje milovanjem, koje takođe mora da je shvatila kao ohrabrenje. S prepredenom, ljupkom koketerijom za koju su sposobne samo žene, stavila je za čas u pokret svu draž svog mišićavog malog tela i svoje vesele naravi, kao da joj ceo život i sudbina zavise od odluke sledećih četvrt sata. Lanula je kratko, a onda stala sumanuto kružiti po travnjaku koji se pružao pred kućom. Malo telo joj se čas toliko istezalo da trbuhom samo što ne dodirivaše tle, a čas je, izvijeno u luk kao mačkino, munjevito optrčavalo Anču i njegovu ženu, kao da hoće da oko njih opiše čarobni krug iz kojeg ih onda više neće pustiti. Ponekad bi se u najluđem trku okrenula tako naglo da ju je vetar brzine savijao skoro nadvoje, s vremena na vreme izvela bi prepredenu osmicu, kao da će da obmane tobožnjeg gonioca, pa bi onda, štekćući trijumfalno, nastavila da opisuje krugove u suprotnom pravcu, oko bračnih drugova kojima se u glavi već vrtelo. Najsmešniji utisak ostavljala je svojim podskocima, kojima bi se katkad uspravno otisnula u vazduh; svaki takav skok predstavljaše po merilima pasa šalu, po našem prestoničkom žargonu vic, koji bi neka zamišljena pseća publika propratila gromoglasnim smehom. Ančina žena, koja je — kao većina pripadnica njenoga pola — stajala u neposrednijem dodiru sa prirodom nego muškarci, bila se nekoliko puta glasno zasmejala.

Kuče je sada ležalo kraj njenih nogu. Glasno je dahtalo, jezik mu je visio iz gubice, blistavi crni pogled beše prikovan za ženino lice. Kada se ova s osmehom sagnula da ga pogladi, kuče — zasad još bezimeno u mislima bračnih drugova — naglo se prebacilo na leđa, i bacakajući bestidno nožicama, ponudilo milovanju ružičasti trbuh koji se sa svojih devet crnih dugmića nazirao kroz bele dlake.

Žena mu je u jednom malom zemljanom sudu iznela mleka. U međuvremenu je bio pao mrak, inženjer je u stanu upalio svetlo. Kuče je polokalo mleko, a onda krenulo na istraživačko putovanje. Obišlo je njuškajući celu kućicu i letnju kuhinju podignutu iza nje, pa je sa naglim zaletom pojurilo kroz kapiju napolje. Čučnulo je pored jarka, glavu okrenulo prema bračnom paru kao u znak pozdrava, obavilo nuždu, pa skrenuvši levo nestalo u brzom galopu na cesti za Pomaz.

Treba već ovde utvrditi izvesnu činjenicu koja će važiti za celu povest. Naime, u odnos između keruše i budućih gospodara bio se utkao element jedne dvosmislenosti, koji je sa obeju strana, a naročito sa strane bračnoga para, pokazivao pomalo nezdrave crte. Koliko poznajemo dušu životinja, pas se, u službi svoje prirodne sebičnosti, po svoj prilici koristio izvesnim lukavstvom: pokazivao se sa najbolje strane da bi se dodvorio dobronamernosti Ančinih. Mogli bismo reći i njihovoj ljubavi, pa bismo time možda olakšali da se okvalifikuje njegov greh, ako se uopšte iskrena privrženost udružena sa sebičnošću može smatrati grehom. Ima li uopšte ljubavi bez ljubavi prema sebi, pitamo se, i ako bi je bilo, šta bi vredela ljubav čoveka koji ne mora proždirati sebe da bi drugog mogao da hrani? Istina, keruša je upotrebila sva oruđa svoje sirove i čarobne ženstvenosti da bi zadobila ljubav i uzvratila je ljubavlju, ali smo mišljenja da se to ni sa najstrožeg ljudskog, pa čak ni društvenog stanovišta ne može smatrati nemoralnim. Trunku prevare vidimo jedino u tome što je prikazala isključivo svoje vrline, a prećutala slabosti, prikrila greške, zatajila svoju trošnu prirodu, buduće bolesti, potonju starost i smrt — ali koji istinski zaljubljenik ne bi krenuo sa barem toliko trikova u osvojenje svoga raja? Ako uopšte možemo govoriti o grehu, onda ga moramo potražiti u srcima Ančinih, koji u blistanju psa, svojim višim intelektom, nisu otkrili umiljavanje, onu malu veštačku intervenciju kojom je interes ulepšao osećanje, ili ako su je otkrili, pretvarali su se kao da je i to u redu. Koji su prividu uprkos, i mada se činilo da se i nogama i rukama koprcaju protiv svakog daljeg osećajnog opterećenja, u stvari odmah podlegli smišljenoj simpatiji psa. Koji su se upustili u jednu utakmicu koju su u sebi već na početku predali. Koji su pristali da čistotu svoje usamljenosti zamene za jednu malu ovozemaljsku igru, žalost za svojim detetom — za malo zabave, koji su, jednom rečju, namesto svoga sina primili jednog psa... Ali čemu trošiti toliko reči: očito je žilica nezdravog elementa, tako nežna u svom opalnom zračenju, imala baš tu svoj izvor. U odnosu između čoveka i životinje, po našem mišljenju, krivac je uvek čovek.

Keruša je došla i sutradan u isto vreme, gotovo u isti minut; žena je opet prala suđe preostalo od večere, a inženjer je bio izašao pred kuću na vazduh. Trećeg dana bila je već prepredenija, pojavila se pre večere. I sledećih dana javljala se tačno kao da je pozvana na diplomatski prijem, ali od kraja nedelje pa nadalje sačekivala je Anču već na autobuskoj stanici, udaljenoj oko sto metara od ulaza u baštu. Prepoznavala je inženjera čim bi on sišao iz autobusa, ali, za svaku sigurnost, najpre bi mu straga onjušila noge, pa bi tek onda njegov dolazak proslavila ogromnim oduševljenim skokovima. Iako je Anča bio visok, skokovi su je s neverovatnom lakoćom dovodili u visinu njegovih grudi, tako da bi mu svojim umiljatim, razdraganim jezikom skoro olizala brkove. Možemo već ovde primetiti da su skokovi Niki kroz ceo njen život pobuđivali pažnju. Bacala se u vazduh s ušima pripijenim uz lobanju i s plivajućim pokretima prednjih nogu, tako visoko da je mogla, ako je samo htela, da lizne po ustima svakog, ma kako visokog prijatelja; na dunavskom pristaništu, kuda su je gospodari docnije izvodili u šetnju, umela je da skoči više i od najvećeg vučjaka. Njeno malo, žilavo, razigrano telo, kao da se stalno kretalo na oprugama dobrog raspoloženja, odskakalo je kao lopta ka svakom željenom cilju; u mišićima joj se krila matematska tačnost, u srcu odvažnost tigrice.

Iako Ančinima ni na kraj pameti nije bilo da kerušu uzmu sebi, oni saznadoše — možda od komšija, možda od pralje ili od poštara, ali u svakom slučaju bez namernog raspitivanja — da je gospodar keruše njihov treći sused sa desne strane, neki hortijevski pukovnik u penziji; da živi oskudno u svojoj vili sa ženom i majkom i da se za psa mnogo ne brine. U toj prilici beše i ime psa prvi put spomenuto. Ali uprkos tome, da bi izbegli čak i privid bliskosti i obaveza koje uz nju idu, Ančini su ga između sebe i dalje spominjali kao „psa", čuvajući se da njegovo ime uzmu u usta. U stan ga uopšte nisu puštali, da se kod njih ne bi navikao.

Uostalom, umirivalo ih je što se pas, čim bi završio sa večerom, redovno vraćao na spavanje kući, svome gazdi. Jednoga dana otkrilo se i to kako je pas ulazio u baštu dok još nije sačekivao Anču kod autobusa. Bila je nedelja, inženjer je izuzetno ceo dan proveo u Čobancu. Oko podne, pas odjednom iskrsnu iza zaključane kapije sa rešetkama. Uz ogradu, duž bašte, pružao se širok jarak zarastao u korov, sa malim drvenim mostom ispred kapije; na njemu je pas stajao. Kada je kroz rešetke ugledao inženjera, odjednom se ukočio kao da su mu se sve četiri noge odsekle; videlo se jasno da ne veruje očima. Stajao je nepomično čitave minute, izražavajući tako ono beskrajno čuđenje koje čovek obično manifestuje crtama lica. Ali i bela njuškica sa blistavim crnim očima beše mu bukvalno srozana od zaprepašćenja otkrićem da logika i iskustvo mogu toliko da prevare. Nikad nije video Anču kod kuće po danu.

— Gle kako se čudi! — reče ovaj i glasno se zasmeja.

Od zvuka poznatog glasa, koji je potvrdio nalaz očiju, keruša se prenu iz beskrajnog zaprepašćenja. Kratko lanu, a onda munjevito jurnu prema kapiji i progura se kroz tesno, plitko ugnuće ispod jednog njenog krila. Najpre beše proturila glavu i obe prednje noge, zatim ulegnuti trbuh i uvučenu stražnjicu; a na kraju, stražnje noge koprcajući se dovukoše između sebe na pozornicu i kratki mišićavi rep. Izlivi radosti kojima je pozdravila inženjerovo neočekivano prisustvo nisu znali za granice.

Ali posle ručka, kao da nije želela da zloupotrebi gostoljublje domaćina, opet napusti baštu. Pred veče Anča sa ženom izađe u šetnju. Na sto metara od kuće, pred stanicom, oni opet ugledaše psa: sedeo je na stražnjim nogama i svom snagom očekivao autobus iz Pomaza.

Bio im je okrenut leđima pa ih tako nije primetio, i Ančini odlučiše da ga ne pozovu sa sobom; zajednička šetnja samo bi čvršće uprela niti koje su ih već vezivale. Ali kad su uveče stigli kući keruša je već sedela u bašti pred kućom i pozdravila je njihov povratak nebrojenim strmim oduševljenim skokovima. Njeno poverenje u logiku beše se očito vratilo: ako inženjer nije u autobusu, mora kad-tad da se pojavi u okolini kuće. Anča je međutim negodovao protiv preterane topline koju beše osetio u predelu srca kada je ušao kroz kapiju: kao da ga je sopstveni pas dočekivao u sopstvenom domu.

Kada je protekla još jedna nedelja, primetiše da je keruša skotna. Moglo se to videti po trbuhu koji joj se zaokruglio i malo opustio, a još više po tome što se iz dana u dan sve teže provlačila kroz plitko ulegnuće ispod kapije. Prvo je na njeno stanje obratila pažnju žena. Kada je posle nekoliko dana, pošto se osvedočila u tačnost svoga zapažanja, to saopštila mužu, ovaj odluči da konačno raskrsti sa životinjom. Nije želeo da se ta nezdrava prisnost dalje produbljuje.

Baš u tom trenutku, životinja se s mukom provukla kroz udubljenje pod kapijom. Anča izađe pred nju, otvori kapiju i upravi ispruženu ruku prema ulici, pokazujući, da tako kažem, keruši vrata. Ova pogleda radoznalo u ispruženu ruku, pa s nekoliko ogromnih radosnih skokova pokuša da dohvati inženjerov rukav. Njena skotnost je već osetno bila povećala privlačnu silu zemlje, pa ga nije mogla dohvatiti. Anča joj strogo podviknu i opet pokaza na kapiju. Čuvši taj neuobičajeni glas, životinja ga pogleda iznenađeno, pa sede na stražnje noge i s radoznalom ozbiljnošću upravi svoje pažljive crne oči ka inženjeru.

Nikako ne mogaše shvatiti da žele da je se otresu. Raznovrsni metodi zastrašivanja koje je Anča primenio najzad su je poplašili, ali ona očito nije bila u stanju da razume čime je zaslužila to teranje, to divlje tapšanje, taj grubi glas. Pošto nije mogla zamisliti da inženjer hoće da je dira bez razloga, rešila se da sačeka dok njegova neshvatljiva ljutina popusti, pa da joj on opet pokloni svoju naklonost; nije napuštala baštu. Oborenih ušiju, uvučena repa, skupljajući se koliko god joj to dopuštaše veliki trbuh, gledala je u Anču s preklinjanjem, a kad bi joj se ovaj preteći približio, izbegavala ga je vukući se polako unazad ili poskakujući levo--desno, ali napolje nije išla. Kada bi inženjer za trenutak prestao da je plaši, stala bi pred njim nakostrešene dlake i prikivala svoj crni pogled, preklinjući, na njegovo lice. Kao da se izvinjavala za greh koji nije učinila. A kada se najzad inženjer, jednim naglim pokretom koji psi poznaju još iz predživotnog embrionalnog doba, sagnuo i digao kamenicu, ona se doduše, skičući tiho, smesta okrenula i s repom uvučenim među noge odjurila iz bašte, ali je na mostu, pred kapijom koja joj se za leđima zalupila, opet stala, okrenula se, i poslala dug pogled za inženjerom koji se udaljavao. Ovaj je četvrt sata docnije slučajno pogledao napolje, kroz staklena vrata svoga stana. Keruša je sedela tik pred vratima, na ulaznim stepenicama, i nepokretno posmatrala vrata. Kada su im se pogledi sreli, ona obori uši, okrete se i siđe sa stepenica. Odgega se do kapije, leže s uzdahom na zemlju i položi glavu na prednje šape.

Sutradan se, međutim, ponovo stvorila pred autobusom iz Pomaza i pozdravila Anču najvišim skokovima što ih je njeno stanje dopuštalo. Očito je već bila oprostila što joj nisu oprostili. Šta je imalo da joj se oprosti? Što se nije rodila kao čovek. Za ovaj svoj praroditeljski greh, najveći koji poznaje istorija zemlje, životinje stiču oproštenje samo ako kupe svoje postojanje od nominalnog gospodara zemlje, od čoveka. Neke svojom mašću, mlekom, neke telesnom snagom, neke luksuznom lepotom koja čoveku razigrava nerve. Ali godine 1948, u ratom razrušenoj Mađarskoj koja se upinjala da iz svog mršavog preostalog imetka izgradi novo, drukčije utočište za narod — kakvim je tu uslugama mogao da kupi milost jedan mladi, sasvim beskorisni foksterijer? Mogao je da se uzda jedino u milosrđe, ali i ono beše presahlo u ovoj uništenoj zemlji.

Pored svega toga, keruša, za koju s pravom možemo reći da je bila napola bez gospodara, pojavljivala se i nadalje iz dana u dan na autobuskoj stanici, dočekujući inženjera s neizmenjenim znacima oduševljene radosti. Na putu do kuće, pošto nije dobijala ohrabrenja, vukla se za njim opuštena repa i ne dajući glasa od sebe. Sačekala bi dok joj se pred nosom ne zalupi kapija, a onda bi se dahćući progurala kroz prinudni ulaz ispod rešetaka, koji joj je postajao sve tešnji. Ančini pokušaji zastrašivanja ostali su i dalje bez rezultata, a na strože kazne kao što su udarci nogom ili gađanjem kamenom nije hteo niti je mogao da se odluči. Jednom, ipak, on nazva kera „odvratnom, nasrtljivom mrcinom".

Ovaj sutradan nije došao. Ni trećeg dana nije ga bilo. Toga dana inženjer je stigao kući kasno posle prvog mraka; već duže vremena, zbog zauzetosti u Pešti, nije dolazio uobičajenim, ranijim autobusom. Za večerom on upita ženu da li se pas pojavljivao. Žena se nasmeši i mahnu odrečno glavom. Anča je na taj osmeh, da je hteo, mogao odgovoriti na sledeći način:

Nema veće ni podmuklije tiranije od ljubavi. Združena sa slabošću i potčinjenošću, ona pobeđuje antipatiju, pa čak i ravnodušnost. Čovek se ne može izvući iz njenog stiska, a retko to može i životinja. Nema oružja koje protiv nje možeš upotrebiti — pred njom čak i negacija prestaje da važi. A dodaj tome da je nemost životinje, koja ne može da zastupa svoju stvar, strašnije oružje od najneoborivijeg argumenta. Jer šta se može odgovoriti na jedno ćutanje, koje ne napada ovo ili ono moje stanovište, već celokupno moje bitisanje?

I šta bih mogao da kažem toj tišini? Da ne verujem u iskrenost njene naklonosti, jer nema šta da voli na meni, koga i ne poznaje? Mogla bi odgovoriti, ako bi me uopšte udostojila odgovora, da me je onjušila i da me prema tome poznaje. Onoliko privlačive površine koliko njena strast zahteva, može na meni naći. Ljubav ne može da se obazire na zasluge, inače se pretvara u pogodbu.

Mogao bih joj reći još samo toliko da čovek ima jedan jedini jasni prirodnopricipski zadatak: da rađa potomke, i da bih bio varalica ako bih uzeo psa namesto deteta. Još smo u tim godinama, zar ne, u punoj muškoj snazi, i ne bi mi palo teško da se pobrinem za jedan ili dva zdrava izdanka. Pa da mesto njih sudu časti prikažem jednog mladog i sasvim beskorisnog foksterijera? I, da pređem na samog tog beskorisnog foksterijera, zar da ga sramotim time što ću umesto njegove ličnosti, da, baš ličnosti, u njemu voleti ono što mi nedostaje? Zar da se zadovolji bledom pozajmljenom svetlošću jednog srca koje je zauzeto na drugoj strani, umesto neposrednog poštenog ljubavnog blistanja koje mu pripada? Mora uvideti da bi se među nama stvorio odnos nezdrav sa obe strane. Uostalom tvrdim da je nasrtljiv što se bez pitanja i dozvole meša u moj život i što mi se natura niskim sredstvima svoje ljubavi, protiv koje ja nemam ustuka. Mesto koje će u meni bezočno iščeprkati za sebe, nedostajaće meni. Imam i sam dosta briga i nevolja, pa nisam nimalo raspoložen da svoju snagu, odnosno slabost, rasipam na nametljivo odvratno zverinje.

Anča je — kao što vidimo — u sebi nosio pouzdanu, tačnu predstavu o ljudskom moralu, čiju je važnost proširio na celokupnu živu prirodu. Činilo mu se da prema životinjama ili biljkama oseća istu onoliku odgovornost kao prema ljudima. Verujemo da je u životu često padao u ovu svoju klopku, pa se sigurno ne jednom u njoj patio i rukama i nogama koprcao da se iskobelja. Svako stvara sebi pakao i raj onako kako zna i ume.

Keruša, međutim, o svemu tome nije ništa znala, a i da je znala, gledala bi, bez sumnje, u inženjera sa istim onakvim čuđenjem kao kad ju je prvi put oterao iz kuće. Tih dana ona je i inače imala drugog posla. Tri dana nije izlazila pred Ančine. Pojavila se ponovo jednog četvrtka, dosta kasno posle autobusa iz Pomaza, koji, uostalom, beše opet prispeo u Čobanac bez inženjera. Krajem marta dani su već bili osetno duži, pa je žena sedela u bašti, nad kojom se tek spuštao sumrak, i čekajući muža prelistavala knjigu. Odjednom se keruša stvori pred kapijom. Ne prođe ni trenutak, a ona je već bila propuzila kroz ulegnuće ispod rešetaka, iako ono nije postalo ni malo prostranije, i jurnula prema ženi. Stala je pred njom samo na minut. Pokazala svoju smanjenu figuru, prošetala ispred klupe dva-tri puta kao kakva manekena, pa je odjednom zagrebla prema kapiji, ponovo se provukla kroz rupu i u brzom galopu nestala na levoj okuci druma. Nije htela da ostavi mladunce duže same, čak ni da bi se podrobnije raspitala o inženjeru.

Ovaj je proveo noć u svom preduzeću u Pešti, a kući se vratio tek sutradan kasno uveče. Međutim, doneo je sobom toliko novosti da je žena tek negde posle ponoći imala prilike da mu isprča o poseti keruše.

Toga dana bila je izvršena nacionalizacija svih preduzeća sa preko sto radnika, i njega su postavili za direktora Fabrike rudarskih mašina i alata. Janoš Anča je poticao iz

...darske porodice, nastanjene i zaposlene u Šalgotarjanu; ...tac mu je bio jamski kopač, pa je po svom poreklu, uprkos ...telektualnoj profesiji, izgledao zaslužan poverenja. Diplomu rudarskog inženjera dobio je 1919. na Rudarskoj ...kademiji u Šelmecu, i mada je za vreme proleterske diktature stupio među prvima u Komunističku partiju, dobio ..., posle desetogodišnjeg gladovanja, naimenovanje za pro...sora na šopronskoj akademiji. Krajem 1939, kada je izbio ...vetski rat, stupio je u Socijaldemokratsku stranku.

U nacionalizaciji velikih preduzeća i u sopstvenom ...aimenovanju za direktora video je prekretnicu svog živo...a. Moralno čistunstvo u njemu zahtevalo je da po moguć...tvu sredi sva svoja nerešena pitanja, koja je dotle iz udob...osti ili slabosti odgađao, kako bi u budućnosti mogao s puim spokojstvom i svom snagom da se uhvati ukoštac sa ovim zanosnim zadatkom. Među ta nerešena pitanja spa...aše i neraščišćeni odnos sa psom. Uviđajući da je u nemoj ...orbi sa njim i onako već potučen, rekao je ženi neka poseti ...jegovog gospodara i neka se kod njega raspita da li bi psa ...repustio i po kojoj ceni. Na ovu odluku uticala je očito i ...ežno nijansirana priča kojom je žena, sa ženstvenom ga...utošću u očima i s vedrim osmehom na usnama, saopštila ...orodiljsku posetu. Ženinu maštu beše naročito osvojila ...oketerija mlade majke, ono ponosito šetkanje pred klu...om, ono samosvesno kočoperenje manekene kojim je ke...uša skrenula pažnju na to kako je ponovo vitka, odnosno ...a to da je imala savršeno normalan porođaj.

Tronutost je, doduše, po svemu sudeći, poticala iz ...nog nezdravog elementa koji je bračne drugove bez dece ...rivukao mladoj životinji, no inženjer je u ovom trenutku, ...očen sa velikim zadacima i, možda, baš s obzirom na njih, ...tražio od savesti da ga razreši obaveze. Smatrao je da ...rincip čistote, ako se primenjuje sa bezdušnom pedantošću, može postati nečovečan i čak suprotan smislu života.

Sutradan poslepodne žena poseti kerušinog gospo...ara, pukovnika u penziji. Ovaj, posumnjavši da je moli...ljka komunist, izbeže određen odgovor iako je već poo...avno želeo da se oslobodi beskorisnog foksterijera, koji ...u je ostao na vratu posle bekstva jednog srodnika preko granice. Reče da ga je već obećao drugome, te da bi on mogla ponovo da se javi kroz nedelju dana, kada će se videti da li ga je taj drugi i odneo. Inače, biografija keruše se u toku ovog razgovora nije proširila novim podacima; žena saznade samo toliko da je stara možda godinu i po dana, da su njenu štenad, sem jednog, već uništili. Izlazeći iz bašte ona se uzalud osvrtala, kerušu nije ugledala. Ova ju je čekala kod kuće na ulaznim stepenicama. Protivno običaju poletela je uvis samo dva ili tri puta, popila žurno mleko nadrobljenim hlebom koje joj je žena iznela, pa je smesta odjurila kući svome preostalom mladunčetu.

Te noći, čekajući muža, žena je sa slatkom i bolnom strepnjom u svom još mladom srcu razmišljala i o tome da li nagon ume da računa ili bar da sabira i oduzima. Ako neikoj kučki oduzmu jedno mladunče, hoće li ona to primetiti? A ako joj uzmu dva? Ili tri? Ako samo jedno ostave, da li će ona primetiti jedino to da se oko nje sad manje komeša tiše skiči i kevće, da ima manje posla oko umivanja i da od mnogih svojih dojki može samo jednom da doji? ... ili ona vodi računa pojedinačno o svakom koje nedostaje? Jer šta vredi ona materinska ljubav — već i sa gledišta prirode željne razmnožavanja — koja se zadovoljava krnjatkom kada bi mogla da polaže pravo na celinu? Sutradan pre podne, šetajući se, žena je slučajno prošla pored pukovnikove bašte. Keruša je ležala nedaleko od ograde na travi obasjanoj suncem, lako zavaljena u stranu, držeći pod odignutom prednjom šapom lopticu belih dlaka sa crnim pegicama koja je u živim naletima, uz besne male pokrete sićušnog repića, kao kakav strastan motor usisač, obrađivala jednu njenu dojku. Keruša je opazila ženu; podigavši glavu, dobacila joj je ispod belih trepavica crn blistav pogled, mahnula dva-tri puta repom. Izgledala je zadovoljna, mirna srećna. Žena je uzdahnula i produžila svojim putem. Pa sledećih nedelja, kada je već provodila više vremena sa kerušom — ova ju je u nekoliko navrata pratila i na njenim šetnjama — moglo se konstatovati da životna volja životinje nije pretrpela nekakvu povredu. Samo dva-tri dana primećivala se na njoj izvesna klonulost duha, i to posle gubitka poslednjeg šteneta, koje pukovnik beše poklonio jed nom prijatelju, poslaniku Stranke malih posednika iz Sentandreje.

Onoga dana kada ju je Anča nazvao po imenu, u životu Niki nasta novo poglavlje. Kao što smo spomenuli, bračni drugovi su je sve dotle pominjali, čak i u međusobnom razgovoru, samo po imenu vrste, kao ,,psa", ili u najboljem slučaju kao ,,foksa", dok bi se njeno lično ime tek tu i tamo omaklo ženi, i to samo kada je njihov odnos, zahvaljujući strpljivoj nasrtljivosti keruše, postepeno bivao prisniji. Legalno, međutim, ime se ugnezdilo u rečniku bračnog para tek pošto im se i veza ozakonila. Pukovnik im kerušu istina nije dao, nego ju je radije u hitnji poklonio jednom gazdi na kraju sela, koji se, posle izvesnog nagovaranja, privoleo da primi dobrog lovca na pacove. Ali Niki je od ovoga pobegla posle dva dana, a pošto ju je pukovnik batinom isterao iz bašte, pobegla je ravno Ančinima. Žena ju je na to kupila za deset forinti od seljaka.

Prethodno je međutim išla u Peštu, na Trg prestolonaslednika Rudolfa — današnji Trg Marije Jasai — gde im je Komunistička partija bila izdejstvovala stan. Prokrstarila je okolinu, tražeći mesta na kojima će moći da šeta psa, ispitujući da li će ovaj imati u blizini dovoljno prostora za trčanje. Pred kućom se pružao mali skver, ali se na njemu igralo mnogo dece; izgledalo je da Rudolfov kej na obali Dunava, prekoputa lepim budimskim bregovima, pruža mnogo lepše, čak idealno šetalište za psa, a i pogodno mesto za čoveka da se zabavi. Stan, koji je trebalo da se dobije podelom jednog većeg stana, inače još ne beše gotov; žena je računala da se pre juna ili jula neće moći useliti i da će lepo proleće i početak leta još moći da provedu u Čobancu.

Kerušine telesne i umne vrline i nedostaci ispoljiše se tek u tešnjem dodiru zajedničkog života. Inženjer o njima nije mnogo znao, pošto je svaku drugu-treću noć provodio za pisaćim stolom u Pešti, a kada bi noćio u Čobancu, stizao je kući obično toliko iscrpen i zaokupljen svojim poslovima da je u najboljem slučaju za svoju ženu imao poneko nežno milovanje i zabrinuto pitanje. Psa je viđao gotovo isključivo nedeljom popodne, pošto bi prepodne i u te dane proveo u preduzeću.

Jednog takvog popodneva pas je prikazao zbirku uzoraka svoje telesne spretnosti, snage, hrabrosti, izdržljivosti. Šetali su se po brežuljcima iznad sela, među njivama, kad iz jednog žitnog polja neočekivano iskoči zec — po svoj prilici prvi zec u životu Niki. Bio je to manje zec nego jedan sev zemljane boje, koji se za trenutak istegnuo među zadrhtalim klasjem, pa pokazavši jednu zbijeniju, bleštavo belu podrepnu mrlju, ponovo nestao u talasima koji su se za njim sklopili. Obično psi obraćaju pažnju na sve, i progone sve što pred njima beži. Uzrok da Niki smesta stavi u najbrži pokret svoje nožne mišiće ne beše ni ovoga puta sama pojava, čiju prirodu ona nije mogla poznavati, nego njen nagli nestanak. Dok bi trepnuo okom, iščezla je u tabli pšenice.

Dugo se nije javljala. Ančini je neko vreme čekahu, pa onda nastaviše šetnju. Prevalili su bili dobar deo puta kada im do sluha dopre udaljen lavež koji se, međutim, brzo približavao. Najpre zec iskoči na travnoj padini brega, gde su rasuti bokori divljih ruža i gloga čuvali svoje razređene senke, pa onda na nekoliko metara iza njega, iz niskog bagremara koji je bujao na vrhu brega, banu izdužena bela prilika psa. Jurili su pravo prema poljskom putu po kojem su Ančini koračali. Progonjena životinja ih u svom slepom strahu verovatno nije primetila. Bračni par se zaustavi; napeto iznenađenje a potom i radosno očekivanje behu im zaustavili ne samo korak u nogama već i dah u plućima; gledali su ukočeno u poteru koja im se približavaše brzinom vetra. Niki je trčala neverovatno brzo; njene nepropisno duge noge, koje bi svakog pristojnog odgajivača foksterijera nagnale na obesan podrugljiv grohot, približavahu je nepropisno, skok po skok, zecu-beguncu. Njoj je i slobodni prostor padine očito išao naruku. Kada je progonjena životinja stigla do poljskog puta, pa se jednim dugim skokom bacila preko koprivnjaka koji se pružao duž njegove ivice, žena od uzbuđenja tiho kriknu: jedan jedini skok razdvajao je sada nos keruše od kruto ispruženog kratkog repa zeca, sirovi miris krzna na njegovom uzbuđenom telu beše im udario pravo u nozdrve. Inženjer je blagim umirujućim pokretom uhvati za ruku: — Ne boj se — reče — stari je to, iskusan zec, neće ga uloviti.

Mada je jedini junak ovog pripovedanja jedna keruša, stvorenje luksuzno i za društvo potpuno beskorisno, i mada se Ančini pojavljuju samo kao njen prilog u vidu beznačajnih epizodista, te u naš zadatak ne spada da podrobno prikazujemo duševna stanja inženjera, moramo ustanoviti da su njegovu mušku dušu zapljusnula dva protivrečna osećanja: s jedne strane čovekoljubiva želja da duševni mir njegove nežne žene ne bude ugrožen krvavim prizorom preklanog zeca, a s druge strane divlja želja koja mu je sunula pravo iz utrobe da lovac stigne progonjenog, da ga zgrabi za gušu, svali na zemlju, da pregrize grkljan u hropcu, i prebacivši prednje noge preko zečevog mrtvog tela, svojim crvenim jezikom poliže krv što se cedi iz usta pobeđene životinje. Razume se, ta nevaspitana muška želja prohujala je njegovom dušom za tili čas, gotovo neprimetno i u svakom slučaju bez uticaja i bez posledica na njegovo moralno držanje. Dokazuje to i činjenica da je u sekundu kada se zec tik pred njegovim nogama bacio preko kopriva i za tren oka nestao u jednom udubljenju, s očitim olakšanjem dvaput uzastopce grčevtio stegao ruku svoje žene.

Naravno, njegovo predskazanje da mlada keruša neće nadmudriti starog, iskusnog zeca, pokazalo se tačnim. Utrkivanje dveju lakih, ljupkih životinja nastavilo se, doduše, s druge strane puta, pokretima tako prijatnim za oko, tako glatko ujednačenim i lepim kao da je bila reč o vežbi ritmičkog baleta a ne o ozbiljnoj borbi na život i smrt. Ali posle izvesnog vremena zec je postigao prednost koju keruša teško da bi mogla nadoknaditi. Stigavši na ivicu nekakvog čestara, naglo je zaokrenuo, protrčao pored keruše koja je nastavila da juri u suprotnom pravcu, i jednim dugim lučnim skokom nestao u žbunju. Mada se još dugo vremena, iz sve veće daljine, čulo razdraženo keftanje keruše koja beše odmah nagla za njim, lukava životinjica je svakako konačno nadmudrila budalastu Niki. Ova se bračnom paru priključila tek pola sata docnije, zadihana, s jezikom do zemlje, hramajući na jednu stražnju nogu, s blesastim izrazom neuspeha na beloj njušci.

Ali njeno zlovoljno snebivanje, koje bismo možda tačnije mogli obeležiti telesnom i duševnom sustalošću, ne beše dugog veka. Nije prošlo više od nekoliko minuta a ona je već bila upila, iz neizmerne zalihe svoje mladosti, toliko dobrog raspoloženja da je polje oko nje u pravom smislu reči oživelo, kao da je čitavim svojim mikrokozmičkim životom, svakom svojom živom česticom, želelo da se uputi u igru sa Niki. Ovde bi njen crni nosić bio privučen smaragdnim repom nekog guštera, tamo dalje bi je nateralo da skoči uvis zuzukanje vilinog konjica, ili bi joj jedna zolja uspravila prezave uši. Topli vetar letnjeg popodneva čas joj je mrsio dlake repa, čas duvao u njenu otvorenu gubicu, pod jezik koji je obilato balio. Jedna pčela stade joj pred nosom opisivati krugove, i njena tanka podrugljiva džez-muzika izazva kerušine vilice na divlju igru kastanjeta. Zatim nasta tišina, ona vrela letnja tišina u kojoj se čuje i kako senka klizi po travi, i u toj tišini razleže se glas nečujan za ljudsko uho, glas od kojeg se keruša naglo zaustavi, nakostreši dlake i pusti otegnut tužan urlik koji kao da predstavljaše hromatičku skalu same prolaznosti. Žena pogleda u nju preplašeno. Ali već u sledećem trenutku keruša beše sva obuzeta svojom nepodozrivom mladošću, pa se bacila ukoso za jednim hruštom koji je uzleteo kao helikopter.

Zdravlje neizbežno osvaja, pa ma kako banalna bila forma u kojoj se ispoljava. I priča o Niki nije ništa drugo nego tačan izveštaj o zdravlju. Sada se nalazimo u onoj fazi njenog života kada je zdravlje, i samo po sebi lepo, ukrašeno dražima mladosti i kada dopadanje izaziva baš ono što privremeno nedostaje: buduće zrelo savršenstvo tela i duše. Ishitreni nespretni pokreti koji promaše cilj izazivajući osmeh, neumerena radoznalost sa kojom guramo nos u svaku rupu, da bismo ga ponekad povukli uplašeno frkćući, nesigurnost, trapavost, zaloge docnije gipkosti, sve je to prizor toliko vedar i bodar da ponekad ume čak i iskusnu, gorku starost da ubedi u bezrazložnost njenog proročanskog jadanja. Toplo letnje popodne koje je već naginjalo sutonu ozarilo je bregoviti predeo Piliša jarkim sjajnim bojama i moćno podizalo zdravu životnu radost mlade keruše. Na jednom izvoru ona ugasi žeđ, srčući i lapćući bučno dok joj se studena voda s bradice slivala u bisernim kapljicama. Zatim dva-tri puta lanu na vodu, kao da bi izrazila svoje zadovoljstvo. Sa vrha Nađkevelj beše se uto spustio prohladan vetrić od kojeg je zadrhtalo lišće po ivicama žbunova; Niki je zastala, s nakrivljenom glavom napeto oslušnula, pa je zalajala i na lišće. Sve je razgledala, ispitala, njeno mišićavo malo telo ni trenutka nije mirovalo, i ako bi ponekad ipak zastala koliko da jednom udahne, i s graciozno dignutom prednjom nogom oslušnula svemir, njene su se putnjičave male nozdrve pri tom kretale tako uzrujano i brzo kao da je rešena da poinventariše sve mirise i vonjeve piliškog pobrđa. Bilo je jasno da je život ispunjava radošću.

Inženjer se takođe osećao dobro. Njegova tadašnja životna faza utoliko je ličila na kerušinu što je i sam, mada s kosom posutom injem i čak načetom ćelavošću, od nekog vremena dolazio, do sve novih i novih saznanja o svetu i što je ovaj umeo da iskoristi ne samo za pouku sebi već i za korist drugima. Posao ga je zadovoljavao, i mada je pred sobom video bezbroj tehničkih teškoća i još ozbiljnijih psiholoških prepreka, njegovo muževno oduševljenje raslo je u srazmeri sa zadatkom. Izgradnja novog društva podjednako je podsticala njegovo čovekoljublje i maštu inženjera.

Očigledno blaženstvo keruše, isto tako, ohrabrivalo ga je da bude zadovoljan sobom; smeškao se posmatrajući razigrano, požudno praćakanje životinje. Kada su kretali kući, on je pozva zviždukom: prvi put u životu! Keruša, koja je na jednoj udaljenoj čuki jurila svoje žrtve, smesta se zaustavila, i ukrutivši noge, glave povijene u stranu, upravila pogled na vijugu puta u dolini. Na drugi zvižduk već je krenula glavom bez obzira, pa je trku završila oduševljenim skokom koji inženjera umalo nije srušio. Ovaj, da bi životinju umirio, položi ruku na njenu glavu i izgovori joj ime. Zahvalni pogled koji mu je odozdo odgovorio i ostao još dugo da miruje na njegovom licu bio je kao neki osećajni završni akord na kraju ove lepe letnje šetnje.

Već je bilo reči o tome da je u životu Niki nastalo novo poglavlje kada se preselila u domaćinstvo Ančinih. Primedba se ticala pre svega njenog osećajnog i umnog razvitka.

Kuče je očito već imalo nekog zamršenog pojma u odnosu između psa i gospodara; o tome svedoči i njegovo bezuslovno povinovanje zviždluku. Nije li međutim prvi, nedostojni gospodar, onaj pukovnik naviknut da komanduje, usadio u njene osetljive živce neku nakaznu i histeričnu disciplinu nije li pitoma ženstvenost Niki pretrpela povrede od eventualnih ćudi jednog neosetljivog vojničine? Anča je u jednoj prilici rekao za kerušu da je nasrtljiva i bezočna, a i sami znamo kako je ona, kada je u pitanju bio životni interes, pridobijanje novog gospodara, svoj plan sprovodila — kao sve žene na svetu — sa ljupkom upornošću i nepokolebljivošću. No, da li je i u svakidašnjim odnosima uspela da sačuva svoju zdravu životinjsku samouverenost? Činjenica što se ponekad bezrazložno trzala i, naročito ako bi se odnekud začula svađa ili vika, nervozno šćućurila, dokazivaše da je na neki način zastrašena. Jednom prilikom, pred baštom je prošao pukovnik sa nekakvim društvom, razgovarajući glasno. Čuvši mu glas, keruša je podvila rep i odšunjala se za kuću.

Već je bilo govora o inženjerovom, očito ničim neopravdanom stavu koji se nije zadovoljavao odgovornošću prema ljudima, nego ju je proširivao na životinje, pa čak i na biljke koje bi dospele u delokrug njegove brige. Saksija zdravca koju bi on uneo u kuću morala je da dobije zračno, sunčano mesto, dovoljno vode i stručnu negu. Ako je uspostavio prisan odnos sa nekom životinjom, onda je pazio ne samo na njeno fizičko blagostanje, već i na poštovanje njene ličnosti. Tako se i prema maloj beznačajnoj ličnosti Niki, počev od prvog dana, odnosio sa odgovarajućim taktom. Znamo da je uvek celishodno držati se reda, a da je u revolucionarna vremena to još važnije nego u sređenim prilikama; međutim, bračni par smatraše da je čak i sa gledišta reda nepotrebno i beskorisno zloupotrebljavati poslušnost bilo čoveka bilo životinje. Niki nije imala povoda da se žali da joj se samostalnost povređuje onom glupom opijenošću koju moć ume da sugeriše. Nije se gotovo nikad desilo da gospodari iz pustog ćefa ili sitničave osvetoljubivosti ugaze u male krugove njenog života. O zloj nameri naravno nije moglo biti ni govora u tom porodičnom krugu, ali joj se retko ili nikako nije desilo ni to da je njene starešine, odnosno gazde, iz lakomislenosti ili misaone lenosti prisile na neku stvar koju ne bi opravdali interesi zajednice. Zloupotreba vlasti, ta rak-rana svakog kralja, vođe, diktatora, svakog direktora, načelnika, sekretara, svakog čobana, kravara i svinjara, svakog starijeg brata, svakog starca i svakog mladića pod čijom se rukom nalaze podređena druga duševna bića, taj smrad i bolest i zaraza čovečanstva koje sem njega ne poznaje ni jedna krvava zver, to prokletstvo i blasfemija, taj rat, ta kuga beše nepoznata u Ančinoj kući. Sloboda Niki bez potrebe nije bila krnjena. Blagi krug discipline u koji su je uvukli u interesu zajednice bio je proziran i probojan, otvoren na svakoj tački prema širokom svetu shvatljivih nužnosti.

U interesu ove discipline bračni drugovi nisu se laćali nasilnih sredstava. Niki nije bila tučena ni štapom ni rukom, ni rečima, a u visine do kojih njena kratka foksterijerska pamet nije mogla da se vine vodili su je na lancu ljubavi. I, ona je od prvog časa neočekivano spremno i dobronamerno primala njihova uputstva, čak i ona koja joj je bilo najteže sprovesti. Tako, na primer, bilo joj je zabranjeno da za stolom traži jela, ili, kako to ljudi kažu, „da moljaka"; po rasuđivanju Niki ova odredba bila je upravo neverovatno besmislena. Gledati gospodare kako sami uzimaju hranu, i to dugo i u velikim količinama, pri čemu neko od njih još i mljacka, dok ti, ma kako ti krčala creva, moraš sačekati dok svako od njih stavi u usta po jednu belu šipčicu, dok upali jedan žut plamičak, puštajući pri tom smrdljiv dim iz usta, to bi svakom nepoštenijem ili prepredenijem psu nego što je bila Niki izgledalo kao nepravda: ljudi pojedu sve što valja, a tebi ostavljaju samo otpatke.' A opet, tome bi protivrečila činjenica što su u njen tanjirić od zelene gleđosane gline dospevali često baš najslasniji zalogaji, to jest kosti. Tako isto nerazumno izgledalo je i to što bi oni sami s vremena na vreme povijali neku debelu koku, tako da bi ova od straha izbezumljeno zakreštala, dok je njoj ova izvanredna zabava bila zabranjena. Sasvim besmislena i samovoljna činila se i odredba po kojoj nije smela da se kreće niti da vrši nuždu u bašti, na određenom delu zelenog terena;

dok je drugde mogla da se kreće po svojoj ćudi. Ipak, najneshvatljivija zabrana — koja je bukvalno prevrnula svet u duguljastoj glavi Niki, pobudivši žive sumnje u intelektualne sposobnosti gospodara — velim: najneshvatljivija beše zabrana koja je lišavaše slobode da se valja u životinjskim otpacima, tako bogatom izvoru osvežavajućih mirisa. Ta zabrana mora da je poticala iz nekog prastarog ljudskog sujeverja, iz nekog mističnog stanja razdraženosti koje je ljude povremeno lišavalo uviđavnosti i rasuđivanja.

Ali mlada keruša naučila je čak i takve zabrane, koje se na smešan način rugaju zdravom razumu, a svoje žalosne sumnje izražavala je samo tako što bi, sedeći pred nogama gospodara, digla prema njemu oči ispod belih obrva i gledala ga zamišljeno i ne trepćući po čitave minute, bez obzira na to da li bi joj on pogled uzvratio.

Sve u svemu, možemo konstatovati da su Anča i njegova žena primili u kuću jednog poučljivog i čestitog mladog psa koji se, izgleda, rado uživljavao u blagi svet ljudskog morala.

U Peštu su se preselili u prvoj polovini oktobra, dakle oko tri meseca kasnije nego što je to predviđao ženin vedri skepticizam. Kada je zidar već bio gotov — mnogo docnije no što je bio obećao — trebalo je čekati tri nedelje na ličioca, a kada se ovaj pojavio, nisu bili završeni instalaterski radovi, pa je omalao samo pola stana i nestao za duže vreme. Staklorezac je postavio okna koja su nedostajala, ali je dva zaboravio, a druga dva je razbio parketar. Električna centrala nije ukopčala strujomer, plinara nije mogla da isporuči štednjak. U zahodu nije bilo vode. Prve nedelje posle useljenja otkinule su se dve roletne.

Keruša, koja srećom nije imala udela u uzbudljivim pripremama — dragim samo ljudskim bićima — brzo se uživela u novi stan, a nešto sporije i s izvesnom zaprepašćenom radoznalošću u gradski ambijent. No, blagi vaspitni sistem bračnoga para preveo ju je lako i bez većih iskušenja u novi život.

Beše dospela u sasvim tuđ svet. Prvih dana išla je ulicama stalno podvijena repa. Upoznala je povodac i lako ga je podnosila, pa je čak osnovana sumnja da ga je u svom osećanju napuštenosti prihvatila s radošću, jer je stvarao neposrednu telesnu vezu sa gospodarima i značio kao neku zaštitu. A ovde joj je zaštita očito bila mnogo potrebnija nego što su joj pružali gospodari, pa je višak nastojala da obezbedi neprekidnim, odlučnim, divljim lavežom. Lavežom se hrabrila, kao što se muzikom hrabri vojska kad polazi u boj. Što se više bojala tim je bešnje lajala. Kada bi prošao tramvaj sa svojom zvonjavom, ona bi se, preplašena, jednim jedinim nervoznim skokom pribila uza zid kuće, a zatim bi smelo zalajala na vozilo koje se udaljavalo. S prednjim nogama ukočeno uprtim u asfalt, s vodoravno ispruženim repom i tresući se celim svojim malim belim telom, lajala je tako krvožedno, spremna na izgled i da napadne i da goni, da je zategnuti povodac umalo ne bi zadavio. Lajala je i na zaprežna vozila, posebno na kola a posebno na konje, ali ako bi se kola slučajno zaustavila baš pored nje na ivici trotoara, uhvatio bi je toliki strah da samo što ne bi prevalila svoju gospodaricu, vukući je pod najbližu kapiju. Kidisala je i na automobile, mada se njih, začudo, plašila manje nego zaprežnih vozila. Kod ovih je ustanovila i neku svoju rang-listu, poštujući više goleme meklenburške ili ormanšaške konje državnih preduzeća nego kakvu privatničku žgoljavu i sasušenu ragu koja je selila rasklimani nameštaj nekog domaćinstva. Ali na bicikle je lajala, pogotovo kad su zvonili, lajala na prolaznike ako su nailazili u gustim redovima ili ako su glasno razgovarali; lajala na pse, mačke, vrapce; s autosugestivnim metodom poznatim i u životinjskom svetu, lajala je, poput Šekspirovih vojskovođa uoči bitke, na sve čega se plašila. Po danu bi zalajala na traku svetlosti kada bi blesnula kroz prozor koji se otvorio, uveče na senke. Lajala je na celu prestonicu. Biće da se tih prvih dana osećala kao seljančica kad prvi put dođe iz svog sela u velegrad.

 Oko nedelju dana posle preseljenja u Peštu inženjer uze vaspitanje psa, odnosno njegovo privikavanje na novi gradski život, u svoje ruke. Vremena je imao dosta, nije više išao u kancelariju. Negde polovinom oktobra smenili su ga sa dužnosti direktora Fabrike rudarskih mašina, a drugu dužnost neko vreme nije dobio. Nije dobio nikakvo obrazloženje ove mere, koja je došla tako neočekivano kao da ga je rođena žena posle 28 godina srećnog braka odjednom ostavila; načuo je samo izvesne spletke, kojima, međutim, nije hteo da poklanja pažnje. Još u avgustu otpustio je bio disciplinskim putem nekog činovnika iz radničkog kadra koji je imao dobre veze kod jednog partijskog funkcionera; govorkalo se da je ovaj „udesio" Anču jednim nepovoljnim kadrovskim izveštajem nadležnom odeljenju ministarstva, gde su tome činovniku ukazivali poverenje poslušnost. Je li potrebno reći da je inženjera i u ovoj prilic upropastila njegova fiks-ideja o odgovornosti koju smo ovde već podvukli, ono donkihotsko gledanje koje u muvljem lopovluku vidi slonovski greh, i s preterivanjem za koje ni jedna osuda ne bi bila dovoljna proglašava nitkovom svakog koga uhvati u nitkovluku? Otpušteni činovnik proneverio je svega četiri hiljade forinti i ukrao u preduzeću mašinskih delova u vrednosti od dve hiljade forinti, al Anča, u svojoj smešnoj revnosti, ni na intervenciju ministarstva nije pristao da zataška ovu smešno beznačajnu aferu, koju bi svaki ... av realist likvidirao odmahnuvši nemarno rukom. Neshvatljivo cepidlačenje ... ne vredi na nje ga trošiti više reči.

Pošto nije hteo da veruje očito zlonamernim glasinama, Anča je posle svoga smenjivanja ostao, doduše, potišten, ali ne i slomljen. Grešku je tražio u sebi, i kao većina savesnih ljudi, našao je mesto jedne čitavo tuce. Svoja sa moistraživanja obavljao je najčešće u društvu s kerušom, na onim dugim šetnjama koje su preduzimali udvoje po keju pored Dunava. Ovde živce Niki nisu dražili ni tramvaji n automobili; mogla je do mile volje okušavati maštu i mišić i uspostaviti korisna poznanstva sa psima različitih rasa staleža. Kej je, doduše, bio poplочan kamenom i zato ma nje podesan za munjevita gipka utrkivanja nego bregov Čobanca, ali malo naviše, iza crkve na Požunskom putu nailazili su tu i tamo na prazne placeve sa ponekim busenom boje rđe, zakržljalim bagremom i s mekim peskovitim tlom.

Bio je lep topao oktobar, meki jesenji miris vode propirao je garavi vazduh grada, a i otpreka sa budimskih brda, gde su krošnje već bile purpurno crvene, stizao je ponekad miris suvog lišća, kao kakav pozdrav. Pred veče, kada su se palile lampe, Dunav bi počeo da ljulja njihove odraze mesečeve boje, ili bi ih, ako je duvao vetar, mrsio u uzane zlataste bleskove, koji su se na leđima talasića žurno razilazili među dvema obalama. Na ponekoj večernjoj šetnji pridružio bi im se i jedan nov poznanik, naime nov sa gledišta psa, jer za inženjera, kao što ćemo uskoro videti, vezivalo ga je staro prisno prijateljstvo. Taj čovek ogromnog rasta, visok skoro dva metra, okrugle lobanje na kojoj kratko podrezana plava kosa nikad nije videla šešira, debela mesnata nosa i klempavih ušiju — koje je na uveseljavanje dece i prostodušnijih odraslih mogao da pomiče uzduž i popreko, kao da mu za to služi poseban sistem mišića — taj čovek se pridružio inženjeru jedne večeri, baš kada je ovaj, krenuvši u štenju, izašao iz kapije, i svojom golemom masom bez sumnje uplašio kerušu; videvši ga, Niki je naglo ustuknula, curiknula sa trotoara i po svom poznatom metodu samouplivisanja besno zalajala.

Čovek se okrenuo i neko vreme bez reči razgledao uzrujanu malu životinju.

— Je li tvoj? — upitao je inženjera.

U toku večernje šetnje koja je sledila za potvrdnim odgovorom, ljudina više nije mnogo puta progovorila; i one tri reči navodimo u direktnom govoru zato da bismo čitaoca ubedili da nema posla s mutavcem. Vince Jeđeš-Molnar — jer tako mu beše ime — radio je ranije kao rudar u ugljenom basenu Šalgotarjan, dugo vremena pod rukovodstvom staroga Anče, dok ga Komunistička partija nije poslala, 1947, u Peštu, da pohađa večernji univerzitet i da ujedno zauzme mesto praktičnog savetnika u konstruktorskom odeljenju Fabrike rudarskih mašina. Sa Ančom se poznavao još od detinjstva, a u fabrici su se niti dečačkog prijateljstva još više učvrstile.

Jeđeš-Molnar je, dakle, te večeri izgovorio pedesetak reči, ne više. Uostalom, to je bilo prvi put da je inženjera potražio u stanu. Sva je prilika da je svojim društvom —

ako se tako može nazvati samo prisustvo njegove telesne mase — želeo da uteši Anču zbog pretrpljene uvrede. O tome da će pretpostavljeni nerado gledati na njegovo solidarisanje sa inženjerom u nemilosti, očito nije razmišljao, ili ako je možda i razmišljao, svakako za to nije mario; tokom sledeće tri nedelje posećivao je svoga bivšeg direktora svaka dva-tri dana.

Niki se međutim teško sa njim zbližila. Dok su se šetali po keju, imala je drugih zanimanja, pa nije na njega obraćala mnogo pažnje, ali kada su on i Anča seli na stepenice pristaništa, Niki je prišla i onjušila mu noge. Opustivši svoju veliku mesnatu glavu, Jeđeš-Molnar je gledao bez reči u kerušu. Ova nastavi da njuška. Niko ne progovori ni reči. Ali posle nekog vremena, kada je keruša digla pogled prema licu Jeđeš-Molnara, ovaj zamrda ušima. Najpre ih je pokrenuo vertikalno, a onda položeno, po širini glave.

Niki ga u prvom trenutku gledaše kao skamenjena. Jeđeš-Molnar je dosledno svome običaju ćutao. Ali kada je i po drugi put pokrenuo uši, keruša se nakostreši i skičući poče polako uzmicati. Jeđeš-Molnar zaustavi ušne školjke. Niki ga jedno vreme gledaše sumnjičavo, pa mu se opet približi s potrebnom predostrožnošću, odižući šape oprezno kao da korača među ušiljenim koljem. Bila je oličenje napete pažnje. Glavu je pružila napred, rep nazad, oba kestenjasta uha, koja su inače visila labavo u vazduhu, pripila uz glavu i kruto uspravila, ispitivačke crne oči ne trepćući ukočeno upila u lice čoveka. Ovaj i po treći put zamaha ušima.

Dejstvo je bilo neočekivano. Keruša uriknu i odskoči tako daleko da umalo ne pade u vodu, zatim se okrete i s repom podvijenim među noge i ušima priljubljenim uz glavu, dakle sa svim psećim znacima najvećeg užasa koje iz duše može izmamiti samo pretnja večitog prokletstva, odjuri ludom brzinom. Ne prođe ni tren, a već joj ne beše traga. Dva čoveka ostadoše još kratko vreme da sede, a onda pođoše da je traže. Bledo osvetljeni kej sa kojeg su i poslednji šetači bili otišli zvrjao je prazan; jedino se čulo povremeno zvonjenje tramvaja sa obližnjeg Požunskog puta i još ređe trubljenje automobila. Anča nekoliko puta zviznu, a onda glasom koji je daleko dopirao poče dozivati kerušu po imenu. Tragali su dobar sat vremena, ali Niki beše konačno iščezla. Pošto se moglo pretpostaviti da će, kada se povrati od straha, najzad krenuti kući, inženjer se oprosti od Jeđeš-Molnara. Ovaj se uputi prema Varmanovoj ulici, docnijoj Ulici Viktora Igoa, dok Anča osta na keju. Beše stigao skoro do Rudolfovog trga, docnijeg Trga Marije Jasai, kada mu se za leđima začu sitno meko topotanje, i keruša ga sustiže. Izgledala je malo oronula, rep joj bio opušten, dlaka raščupana. Sigurno se vešto skrivala, pričekavši obarzivo dok se stranac udalji od gospodara, oprezno sačekala da vidi neće li se on još vratiti, pa se ponovo javila tek kad je osetila da je potpuno bezbedna. Anča se nije ljutio zbog ove avanture, koja mu je pružila priliku da bolje upozna umne sposobnosti svoga psa. Fino zapažanje životinje da ljudi uopšte uzevši ne miču ušima svedočila je očigledno o temeljnom poznavanju ljudskoga roda.

Jeđeš-Molnar dođe opet prekosutradan, toga puta pravo na kej. Niki ga ne primeti odmah; trkala se s nekakvim starim španijelom, i budući da je ovaj bio daleko sporiji, vraćala se svaki čas, pritrčavala mu i podrugljivo ga preskakala. Kad joj je igra dosadila, dva čoveka su već sedela na pristanišnim stepenicama. Keruša im radosno pritrča. Nije odmah prepoznala Jeđeš-Molnara — bila je malo i kratkovida — pa mu s puno poverenja onjuši noge i tek potom se uplašeno povuče.

Čovek se ne pokrenu. Da nije ni progovorio, to valjda ne treba posebno pominjati. Niki ga je neko vreme gledala sumnjičavo, a onda leže pred noge gospodara, pa je odatle motrila na strančevu lobanju. Jedno-vreme ništa se nije desilo. Jeđeš-Molnar je držao glavu nepomično opuštenu nad kolenima. Zatim on nekoliko puta mrdnu ušima.

— Zašto je plašiš — upita inženjer, pošto pas iščeznu na drugom kraju keja koji se gubio u tami.

Ali Jeđeš-Molnar je smatrao da pas treba da se navikne na strah, kao što i ljudi, pa i sam Anča, treba da se naviknu na mnogo štošta. Govoreći to digao je preteći guste plave obrve, a na završetku rečenice raspalio je Anču šakom po leđima i glasno se zasmejao svojim dubokim brundavim glasom. Iz ogromnih dimenzija njegovog telesnog i duševnog bića strujalo je toliko spokojstvo da bi se samim njegovim prisustvom dala primiriti cela jedna krčma puna ubojica.

Posle izvesnog vremena keruša se zaista navikla na igru ušima — pokazavši time bolje poznavanje ljudi nego Anča — i čak je očigledno zavolela Jeđeš-Molnara, koji je onda jednom prilikom pomilova po vratu. Niki je pri tom malo drhtala, ali nije pobegla.

U to vreme ona se, uostalom, već bila prilično pomirila sa peštanskim životom, mada je osnovana i pretpostavka da je u njoj još bilo ostalo nešto antigradskog raspoloženja. Prema saobraćajnim čvorovima, kao što je, na primer, ugao Bulevara svetog Stevana i Rudolfovog trga, pokazivala je odlučnu antipatiju; ako su gospodari iz bilo kojeg razloga morali da skrenu na tu stranu, ona je zastajala, bacala na njih žalostan pogled i uskraćivala im poslušnost, ili se barem pretvarala da hoće da je uskrati; trebalo ju je trzati za povodac da bi nekako pokrenula svoje jogunasto zategnute noge. I da razlikuje trotoar od kolovoza, naučila je teško; za njenu predstavu to je verovatno bio zadatak isto tako težak kao za dete neki apstraktni algebarski problem. Nalazila je nešto nadoknade samo u drveću kraj trotoara, čija su stabla pri dnu nudila uzbudljive tragove višednevnog psećeg prometa; svako takvo stablo prenosilo je u kondenzovanom vidu — kao kakav pseći leksikon — više i raznovrsnijeg znanja o intimnom životu pasa cele jedne četvrti nego čitava glavna ulica u Čobancu. Drveće duž Požunskog puta zamenjivalo je celo jedno godište nekog dnevnog lista.

Naravno, takva zgusnuta uživanja ne idu uvek u prilog spasenju duše; slična su onima u koja se baca provincijalac kad dođe na nekoliko dana u glavni grad. Kada bi koje od gospodara — najčešće inženjerova žena — povelo Niki Požunskim putem, ona u početku umalo što ne bi pokidala povodac, tako je uzrujano vukla gospodaricu pod svako drvo, ne mogući zatim ni sa jednim da se rastane. No posle izvesnog vremena, svakako usled preteranog uživanja, polet bi joj popustio, nekako se sparušio, pa bi se gegala sledeći gospodaricu s bezvoljno obešenim ušima. Takvo je ponekad dejstvo visokog pritiska koji velegrad vrši na jednostavnu, zdravu seosku dušu.

Niki je sada ostajala na brizi Ančine žene, pošto je sam inženjer početkom novembra ponovo stupio na posao. Dobio je premeštaj u jednu manju fabriku mašina, u Ujpeštu, s podređenim položajem i nižom platom. Ipak je i ovo za njega bila prava lekovita banja, jer ga je pre toga prisilni nerad, sred opšteg pregalaštva i previranja u zemlji, učinio skoro melanholičnim; volju za rad kvarilo mu je, donekle, samo to što su njemu, rudarskom inženjeru, poverili dužnost mašinskog inženjera. Da bi mogao zadovoljiti na poslu, bio je primoran da provodi veći deo noći za pisaćim stolom izučavajući stručne probleme. Budući jedan od najsposobnijih rudarskih inženjera u zemlji, osećao je sigurno s izvesnim pravom da bi na sopstvenom području mogao raditi sa većim rezultatima.

Ustajući izjutra u pet sati da bi u osam stigao na radno mesto — tih godina, zbog pretrpanosti tramvaja, putovanje je trajalo dvostruko duže — odlazio je peške do polazne stanice ujpeštanskog tramvaja u Višegradskoj ulici, docnijoj Ulici Jožefa Kiša koja je potom bila ponovo prekrštena u Višegradsku. Uprkos ranom času po Bulevaru Svetog Stevana gurala se silna masa sveta u pravcu tramvajskih stanica. Ogromni promet, zvonjenje tramvaja, trubljenje automobila, dahtanje užurbanih ljudi, a ne u poslednjem redu i gurnjava u kolima, na čijim su stepenicama putnici visili kao grozdovi, psujući ili se podsmevajući po tipičnom peštanskom običaju, sve to — kao gusto nabijen simbol sporog početka rada, ili u širem smislu, izgradnje zemlje — ispunjavaše inženjerovu dušu jednim nervozno vedrim i, ne stidimo se priznati, svečanim raspoloženjem. Tramvaji su napredovali sporošću puža, ali su ipak napredovali. I dok su mu putnici izlazeći i ulazeći gazili po žuljevima, inženjer je ganuto mislio o tome da svi oni rade na novom poglavlju mađarske istorije.

Njegova žena, koja se zbog slabog zdravlja nije usudila da primi bilo kakvu službu, obavljala je za to vreme rad na narodnom prosvećivanju koji joj je poverila partijska organizacija, ili je pomagala u administraciji Demokratskog saveza žena Mađarske. Keruša je često ostajala sama. Provodila je vreme u čekanju, napuštena, u zaključanom stanu, na svom ležaju spremljenom u jednom uglu ženine sobe, ili još radije — mada joj to beše strogo zabranjeno — na jednoj od naslonjača u dnevnoj sobi, iz garniture prevučene ripsom u boji duvana. Kad god bi žena ušla u stan, makar i posle pola sata odsustva, dočekala bi je s tako strmim skokovima radosnog zanosa, s tolikim neumornim obigravanjem, vrćenjem repom i dahtanjem, kao da se gospodarica vratila posle pola godine provedene u zatvoru, i potrajalo bi uvek po nekoliko minuta dok se ne bi povratila iz razdraganog uzbuđenja. U takvim prilikama žena nije imala srca da je kažnjava, odnosno da je grdi što se uprkos zabrani izležavala na naslonjači boje duvana. Otkud bi i znala gde je ležala Niki, kada bi ova na prvi zvek ključeva skočila sa naslonjače na pod? Dok bi žena stigla u predsoblje, keruša je već skičala od neizmernog uzbuđenja za vratima dnevne sobe. Bilo je, međutim, nepogrešivih znakova koji su odavali njenu neposlušnost, na primer telesna toplota sedala naslonjače; kada bi žena preko njega prešla dlanom, odmah bi, kao što se kaže sudskim jezikom, stekla pozitivnih dokaza o krivici keruše. Ali životinja ne bi shvatila uzročnu vezu između pokreta ženine ruke i eventualnih prekora koji bi tome sledili, pa bi ženi — tom tako jednostavnom, pitomom i sasvim svakidašnjem stvorenju — pripisala natprirodne, mistične moći, čiji odijum ona nikako nije pristajala da primi na sebe. Da je žena preko naslonjače prešla nosom, keruša bi možda i razumela zašto je posle toga grdi. Ali da je njeno čulo mirisa smešteno u dlanu? Žena nije htela da obmanjuje životinju. I bez toga, ako bi iz blizine naslonjače bacila na nju i protiv volje mrgodan ili negodujući pogled, keruša je smesta pokajnički podvijala rep i pokunjeno odlazila sa očiju ili se pokorno premetala na leđa i u znak bezuslovne predaje ispružala sve četiri uvis, nudeći ružičasti nežni trbuh oproštajnom milovanju.

Ima li pas savesti? To je pitanje koje bismo ovde mogli postaviti, kada bi bilo u našoj moći da na njega odgovorimo. Kako, međutim, odgovorom ne raspolažemo, mi ćemo pitanje samo naznačiti, u nadi da će neko od čitalaca moći da pruži potrebno obaveštenje i da će nam ga saopštiti u jednom pismu. Ima li on savesti, ili bolje rečeno: čiste i nečiste savesti? Što se poslednjeg tiče, mi ćemo bez ustručavanja izneti pretpostavku da on ima samo svesti o krivici, dakle straha, ako je prekoračio neki zakon koji je protiv njega donet. To je ono što se javlja i najvećem broju ljudi kada se žale na takozvanu grižu savesti. No, ako on nema nečiste savesti, onda ne može imati ni čiste, sem ako čistom savešću ne nazovemo nedostatak savesti, odnosno najpotpunije zadovoljstvo sobom. I ovo može da se nađe u mnogih ljudi. Ali ako u savesti gledamo jedan aktivan proces, koji bez prestanka istražuje svet sa gledišta lične odgovornosti, te u svakom trenutku propisuje šta treba činiti, dakle, jedan proces koji dozvoljava i zabranjuje, osuđuje ili oslobađa optužbe, upravljajući našim životom od prvog do poslednjeg svesnog trenutka, onda na pitanje da li životinja — pa čak i Niki — ima bilo čiste bilo nečiste savesti, po našem neodlučnom mišljenju ipak sledi negativan odgovor. U ovom se životinja razlikuje od čoveka, koji eventualno može i da ima savesti. Ako pitanje sasvim zaoštrimo, mislimo da se Niki u suštini ni po čemu drugom, već samo po tome razlikovala od svoga gospodara Janoša Anče.

Cele zime, pa i u toku sledećeg proleća keruša je ostala na brizi ženskih ruku. Tako je i bilo u redu, jer je ona već u martu mesecu, otprilike godinu dana posle poznanstva sa Ančinima, ponovo stupila u jedan osoben ženski period svoga života, period koji se kerušama otvara samo dva puta godišnje. Inženjerova žena se odjednom sukobila sa saznanjem da više ne šeta jednog, već najmanje tri-četiri psa po inače pustom keju. Već i pre toga beše joj palo u oči da se po stepeništu vrzma, usamljen i bez gospodara, jedan veliki smeđi lovački kučak, koji je bojažljivo ali nepokolebljivo prati do vrata stana kad god na povratku iz Demokratskog saveza žena ili iz kupovine prekorači prag kapije. A kad bi posle izvesnog vremena, polazeći u uobičajenu šetnju, zajedno sa Niki napustila stan, lovački pas ih je sledio sa dirljivom privrženošću. Žena mišljaše da je reč o psu-lutalici. Ali uskoro se ispostavi da on ima legalnog gospodara, u liku sajdžije i draguljara I. Klajna, vlasnika male radionice za opravke u Ulici Karolja Legradija, kasnijoj Balzakovoj ulici.

Niko ne zna puteve telekomunikacije kojima svi psi mužjaci jedne ulice ili celog jednog kvarta saznaju radosnu novost da se jedna kučka u njihovom rejonu nalazi u stanju ljubavne prijemčivosti. Stoji to da su po dva-tri stidljiva udvarača sledila stope Niki još davno pre nego što je ona svoje stanje odala bilo kakvim vidljivim znakom, a da je docnije, kada se ljubavni period počeo jasnije izražavati, za njenim tragom srljao ceo čopor pasa mužjaka, različite veličine, pasmine i starosti. Mada je estetsko merilo čoveka malo merodavno za procene ove vrste, treba verovati da je Niki i u svojoj ženstvenosti bila izuzetno privlačna osoba. Čim bi kročila iz kapije, sad razume se s povocem oko vrata, odmah bi joj se pridružila dva-tri osvajača koji su je onde iščekivali, pa bi stali da je prate bilo na pristojnom odstojanju bilo iz neposredne blizine; dok su je ostali čekali na keju. Žena se najzad našla primorana da na ove prolećne šetnje ponese mužev stari kišobran, da bi njime suzbijala smelu inicijativu koga od toplokrvnih mladih aktivista; nije htela da keruša već za godinu dana posle prve trudnoće ponovo zanese. Čemu opteretiti društvo novim beskorisnim foksterijerima?... već da i ne govorimo o tome kako je Niki bila i suviše mlada a da bi bez štete po svoje zdravlje primila na sebe svake godine zamorni i teški teret materinstva.

Gospodarica je tih dana posmatrala kerušu s nedvosmislenom ženskom solidarnošću, ali isto tako i oštrim ženskim okom; ponekad nije mogla da savlada potajan vedar osmeh. Činilo joj se da u ljupkoj životinji otkriva, razume se na mnogo nižem nivou, svu onu lukavu i nestašnu igru ljubavi koja svojim šarama prekriva ljubavni nagon ljudi. Ko zna, mislila je, kada bi nekom psećem paru bilo omogućeno da zasnuje trajnu zajednicu, da li se među njima ne bi razvila i ona nežna bračna ljubav i odgovornost koju možemo da nađeo kod tolikih životinja i koju ljudi nazivaju moralom. Kada bismo pak na sebe gledali sa manje nadmenosti i oholosti...

Ali nije nastavljala misao. Žene o ljubavi razmišljaju objektivnije, a u isti mah s više tajanstvenosti nego muškarci, pa je i gospođa Anča bolje razumevala stanje svoga psa nego što je to slučaj sa prozaičnim i prelogičnim piscem ovih redova. Ipak, možemo zabeležiti toliko da su šetnje udvoje, u to vreme, i pored sveg ratovanja kišobranom koje je izlagaše mnogim neprijatnostima i telesnim naporima, potajno zabavljale njeno žensko srce.

U početku svoga izgaranja, Niki je još mogla da se šeta bez povoca, jer se i sama branila od suviše nasrtljivih mužjaka. Tih dana mi je vidimo koketnu i u isti mah — ako je dopuštena upotreba takvih reči — devičanski čednu. Ona se sva nudi, ali kada hoće da je uhvate za rep, beži. Izaziva, a u sledećem trenutku sva se pretvara u uplašeno negodovanje. Želi ostvarenje, ali ga se već i boji. Više je u njoj slutnje nego želje, sna nego jave. Možda će čitalac smatrati da je ovo tanano nijansiranje preterano kada je u pitanju keruša koja čak nije ni rasno čista, ali mi samo prenosimo zapažanja gospođe Anča koja nam se čine pouzdana. Ponavljamo da po našem mišljenju žene, čak i one najprimarnije građe, znaju o ljubavi više nego muškarci, čija su osetila najčešće gruba.

Aničinu ženu ganula je najviše jedna pojava koja nas za časak ponovo vraća onom nezdravom elementu spomenutom na početku ove priče, elementu koji je inženjer smatrao opasnim po njihov odnos sa kerušom. Pojava se sastojala u tome što bi Niki za vreme svojih koketnih igara, ispred svakog energičnijeg napada, kao dete majci, prestravljeno bežala pod okrilje gospodarice. Vraćala joj se kao jedinom spasiocu, pritrčavala joj zdesna ili sleva, ili pozadi da bi izbegla nekog od vatrenih gonilaca; a bilo je slučajeva, kad već nikako nije umela sebi da pomogne, da se dizala na stražnje noge, moleći nedvosmisleno da je gospodarica primi u naručje kao u krajnju i najsigurniju zaštitu.

Još jedno zapažanje smatrala je žena poučnim, pa je iz njega izvukla izvesne ženske zaključke, koje je onda u datoj prilici pomenula i u muškom društvu: ma kako grubo Niki ugrizla čak i najvećeg vučjaka, golemi mužjak joj se nikad ne bi svetio. A to zapažanje nije poticalo samo iz ljubavnih perioda keruše i odgovarajućih udvaračkih perioda mužjaka; uostalom, koji bi se mladi čovek svetio za ćušku dobijenu od devojke ili mlade žene za vreme nasrtljivog obletanja? U toku svih dugih godina što ih je provela sa Niki nije se desilo ni jedan jedini put da neki mužjak kerušu zlostavlja, da je ugrize ili makar zareži na nju, čak i ako bi u pitanju bio sukob oko hrane, dakle, samoodržanja. Zaključci koje je žena stvorila na osnovu ovog zapažanja nisu bili laskavi po ljudski rod.

Ona je, međutim, imala i drugo jedno zapažanje, koje je krila u jednom osmehu na dnu svoga srca i koje ni za živu glavu ne bi otkrila u pomenutom muškom društvu. Sastojalo se naprosto u tome da mužjaci, ma kako Niki besno odbijala njihove pokušaje približavanja, ni u jednom jedinom slučaju nisu odustajali od svoga plana i od nasrtljivih manevara koji su služili njegovom ostvarenju. I da inženjerov kišobran nije na vreme intervenisao, Niki bi po svoj prilici, možda i više puta uzastopce, povila svoju nežnu šiju pred neizbežnim. Treba li u ovoj okolnosti videti rasipnost prirode ili samo njenu kavaljersku širokogrudost? Možda njenu dalekovidnu opreznost? Nemoral ili jedan širi moral? Ostavimo ovo pitanje na stranu, da o njemu nastavimo razmišljati u drugoj prilici.

Portret naše junakinje bio bi nepotpun bez jedne crte koju moramo na svaki način i najodlučnije nazvati nedostatkom ukusa i čak možda nastranošću. Simpatije njene ženstvenosti ne behu u prvom redu upravljene prema pripadnicima sopstvene rase, foksterijerima oštre ili glatke dlake i drugim psima manjeg rasta, nego — poput naklonosti nekih belih žena koje vode ljubav sa crncima — prema velikim tamnim mužjacima. Među njenim pratiocima bio je i takav jedan, čak ne više mlad, malo već otežao, krmeljiv i nezgrapan, velik crn kopilan, koji joj beše naročito prirastao za srce, i ko zna da li svoje draži ne bi bile straćila na njega da ne beše mlataranja kišobranom, koje je plašljivog seladona teralo u beg. Pošto su mu zatim još i ostali pošlonici vrlo opipljivim sredstvima pokazali vrata iz sekte, on posle tri dana izostade.

Bilo je to lepo proleće. Ljuti mart razvio se lagano u pupeći april, a zatim u bujni, mirisni maj, pa je vetar i na peštanski kej povremeno prenosio dah budimskih bregova u cvatu. I ljudi doživljavahu svoje proleće: njihova siva, zimska, od umora mlitava lica dobijahu boju, raspoloženje im se razlista, ređe su psovali u tramvajima, strpljivije čekali na red u trgovinama, čak su možda i na posao pregnuli sa više volje. Prolećno buđenje osećalo se u celom životu zemlje. Ljudi su s očitim zanimanjem čitali u *Szabad Nép*-u meteorološke izveštaje i vesti o izgledima na dobru žetvu. U celoj Mađarskoj, a naročito među gradskim stanovništvom, ispoljila se jedna dotle neviđena radoznalost za stanje poljoprivrede, što je jasno svedočilo o življem saučestvovanju u sudbini nacije.

Jedne večeri inženjer je kući došao s fantastičnom vešću da je uhapšen ministar spoljnih poslova. Službeno saopštenje nije bilo izdato, novine nisu pisale ništa ni o tome ni o daljim hapšenjima koja su usledila. Vest je izgledala neverovatna, jer je ministar spoljnih poslova bio stari komunista ilegalac, jedan od najpoznatijih i najpopularnijih rukovodilaca partije, ali je do Anče stigla iz izvora u čiju se verodostojnost nije moglo sumnjati. Danima je bio neraspoložen i krajnje uznemiren, tako da se žena jedva usuđivala da sa njim pokreće razgovor.

Toga leta Anču su iz fabrike u Ujpeštu premestili na novu dužnost, u jednu fabriku sapuna. Tamo ga primiše kisela lica, pošto im je bio potreban hemičar. Anča zauze svoje mesto, pa posle dugog mučnog kolebanja napisa molbu Mađarskoj partiji trudbenika, tražeći posao koji odgovara njegovoj specijalnosti. Odgovor nije dobio, ali mesec dana potom premestiše ga u jedno preduzeće za dubokogradnju u okvirima ministarstva građevina, a preduzeće ga posla na zemljane radove u izgradnji jednog kanala u oblasti Tise, za dobavljača materijala. Bilo je jasno da ga se partija konačno odrekla.

Njega nije mučio samo ovaj lični problem. U septembru je bio održan pretres prvog velikog političkog procesa, na kojem se ispostavilo da je ministar spoljnih poslova, koji je bio uhapšen s proleća, u mladosti bio politički doušnik, agent stranih sila u krilu partije, a da sem njega treba osuditi na smrt i likvidirati veći broj viših vojnih i vodećih političkih funkcionera, zbog sličnih krivica veleizdaje. Inženjera, koji je imao neograničeno poverenje u unutrašnju čistotu partije, ova afera je toliko potresla da se danima ograđivao potpunim ćutanjem. Nije ni ženi o tome ništa govorio, ali njegovo opšte poverenje beše poljuljano. I sve ono što je bio dočuo u vezi sa svojim otpuštanjem iz Fabrike rudarskih mašina, sada mu je izgledalo manje neshvatljivo. Jedan od osuđenih i likvidiranih partijskih funkcionera vršio je dužnost baš u kadrovskom odeljenju centralnog rukovodstva partije.

Počev od toga dana Anča posta zatvoreniji i ćutljiviji, kao i cela zemlja oko njega. Govorilo se o sve novim i novim hapšenjima, naročito u glavnom gradu. Uzajamno poverenje ljudi beše opalo, niko nije znao šta da misli o drugome. Samo su još kod kuće, u snu, smeli da govore. Komunisti, okruženi ovim velikim ćutanjem cele zemlje, radili su stisnutih zuba, gledajući u svakom oko sebe neprijatelja, ćuteći i sami ili ponavljajući mehanički službene parole. Cela nacija polazila je visoku školu licemerstva.

Inženjerovu nervozu osetila je razume se ne samo njegova žena, nego i tankoćutna mlada keruša. Kada se Anča uveče, najčešće kasno posle zaključavanja kapije, vraćao kući, Niki bi obično svojim oštrim sluhom već izdaleka, iz stepeništa začula i prepoznala njegove korake, pa bi hitro skočila sa ležaja i skičući potrčala vratima. U leto, kada su prozori bili otvoreni, osetila bi njuhom već sa ulice približavanje gospodara. Kada bi, skočivši sa svoga mesta, jurnula vratima i tamo tiho zacvilila i zagrebala, žena je smesta izlazila u kuhinju i pristavljala večeru; dok bi se u bravi okrenuo ključ, obično je već mogla i da je iznese na sto. Za to vreme keruša bi priredila toliku svečanost u čast gospodarevog srećnog povratka, obigravajući ga kao u zanosu sa glasnim srećnim cikanjem, zaskakujući mu se do grudi, hvatajući mu rukave, češući mu se oko nogu, da je večera, dok bi na nju došao red, polako počinjala da se ponovo hladi.

Ali otkad je Ančino raspoloženje otežalo, keruša više nije imala smelosti da bude onako neposredna i iskrena kao još nedavno, za lepih letnjih dana. Još je skičala isto onako srećno kada bi inženjer zazvonio dole na kapiji, uzbuđeno bi pojurila u predsoblje njemu u susret, zaskočila bi na njega jednom-dvaput, ali kao da ljudsko neraspoloženje širi i loš miris, ubrzo bi malaksala i prestala da ga pozdravlja, otklipsala bi neraspoložena i ona, u sobu. Čak se dešavalo da mu se ne pridruži za večerom, već da odmah odšepesa do svog ležaja i da odatle, s nosom položenim među prednje šape, posmatra čoveka kako bezvoljno jede. U poslednje vreme inženjer je ne retko stenjao i govorio u snu; tada bi Niki u susednoj sobi sela na svom ležaju i tužno zavijala. Tako je žena saznavala da joj muža opet muče teški snovi.

Keruša je sada već bila uzela treću godinu, što izraženo ljudskim merilima starosti pobuđuje na predstavu o mladoj ženi od dvadeset-dvadeset pet godina. Svaki živac joj je bio nabijen životnom radošću, ali se i u duši i u telu oslobodila šiparički nespretnih pokreta nezrele mladosti. Njen hod i trk, svaki njen pokret beše srazmeran, kao da je radosno zdravlje tela tačno znalo kad koliko može da troši a koliko da proćerda. Bila je uvek čista, čak i s jeseni i u zimsko doba, belo krzno joj se sjajilo, oko blistalo, nos, crn kao smola, odavao je svojim hladnim dodirom neokrnjeno zdravlje. Očito je već svakim živcem bila urasla u onaj lepi planski predračun što ga je priroda za nju pripremila.

Gradski život joj, međutim, nije činio dobro. On je još ne beše oštetio, za to je bila previše zdrava i mlada, ali se videlo da njen organizam vodi stalnu borbu sa svojim potrebama. Grad joj je bio tesan, nije u njemu imala dovoljno mesta. Biće da se osećala slično čoveku koga snabdevaju svim što mu je potrebno, a jedino štede vazduh koji udiše.

Zimu 1949/50, drugu provedenu u gradu, njen organizam je naročito teško podneo. Već ni u toku leta ona nije mogla nadoknaditi sve ono što joj je prethodne zime bilo skoro potpuno uskraćeno, slobodno kretanje, nužnu promenu, prisni razgovor sa prirodom. Na ovo se bila navikla živeći u Čobancu, i sad, ma koliko da su je puštali da šeta i da trči po keju, nagon joj ostajaše nezadovoljen. Propisivali su joj, istina, nežno i s mnogo takta, ne samo dužnosti već i zadovoljstva; čak je i sloboda sada imala raspored časova. Još je bila mlada, još se nerado pokoravala disciplini, koju i čovekov nervni život podnosi samo onda ako mu se otkriju njene skrivene fine uslovljenosti, dakle ako mu se ona objasni. Ali kada se nešto ne objasni? Nerado se upuštamo u poređenje između čoveka i psa, osećamo da je skoro svetogrđe povlačiti paralelu između bezdušne životinje i čoveka uzvišenog osećanja i razvijenog intelekta, pa ipak, od čega je inženjer postao tako kiseo ako ne baš od toga što nije dobijao objašnjenja? Ni o sopstvenoj sudbini ni o pitanjima koja su ga — da se poslužimo malo visokoparnim izrazom — zaokupljala u ime ljudskog roda uopšte. Kao ni glupi, inferiorni pas, on nije imao mogućnosti da shvati nužnost, jer mu ne behu pružena sredstva za njeno shvatanje.

Kao što rekosmo, već ni prvo peštansko leto nije moglo izjednačiti veliku sumu potraživanja koja je životinji preostala posle prve peštanske zime; ona se u toku druge zime iz dana u dan povećavala. Žena je te zime često pobolevala, pa je još ređe mogla da prošeta kerušu, a inženjer, koji je u Pešti provodio najviše dva-tri dana u nedelji — u ostale dane preuzimao je, kontrolisao i evidentirao železne šipke za betoniranje, rezanu građu i drugo slično u Tisanamenju — inženjer se njom gotovo uopšte nije mogao baviti. I dan i noć Niki je provodila na svome ležaju. S vremena na vreme bi ustala, obišla stan, ponovo se izvalila. Ako bi se našla koja muva u stanu, davala se u poteru za njom. Ponekad se penjala na stolicu, i oslonivši noge na obod prozora, gledala napolje. Ančini su stanovali na prvom spratu, s pogledom na Margitin most, na Dunav i na Dvorsko brdo, ali pogled kratkovide keruše dotle nije dopirao, i ona je naprosto blenula u prazni vazduh koji je beživotno stajao pred prozorom. Posle izvesnog vremena skočila bi klonulo sa stolice, zevnula i odgegala se nazad do svoga ležaja. I glava joj beše prazna kao onaj vazduh, jer u toku dana nije dolazila do iskustava kojima bi mogla da se zabavi.

Anča joj kupi loptu. Kada ju je uveče doneo kući, pa posle večere, s loptom u ruci, pozvao kerušu, ova baci ravnodušan pogled na nepoznati okrugli predmet, polako ustade sa ležaja i dobro se protegnu. Najpre ispruži obe prednje noge koliko je god mogla daleko, pa s glavom položenom na ćilim i s uvis uperenim turom krcnu zglobovima, zatim pruži stražnje noge vodoravno na pod i okolišno, s velikom sporošću ugnuvši krsta, proteže mišiće i žile. Treći stav telovežbe trajao je nešto kraće. Sede na tur, pa istežući glavu naviše i unazad koliko je god mogla, zateže mišiće vrata, dok joj se oči napola zatvoriše a lice dobi blesast izraz kakav je imala jedna tetka gospođe Anče u Šopronu, stara devojka po imenu Serena, kada bi nedeljom bivala kod njih na ručku.

Inženjer je strpljivo čekao. Kada keruša najzad pođe prema njemu, on baci loptu tako da ona odskoči s poda neposredno pred njenim nosom. Niki osta za trenutak kao skamenjena. Ali već sledećeg sekunda u stanu se zametnu vrzino kolo.

Sa zaglušnim treskom kraj peći se prevali jedna stolica. Dok je inženjer stigao da ugleda četiri u vis dignute noge, Niki je već bila srušila vazu sa stola za ručni rad na suprotnom kraju sobe, a dok je ova aterirala, u drugoj sobi kraj prozora stona lampa je već tresnula na bife. Lopta, u koju keruša ne mogaše da zagrize jer joj je gipko iskakala između zuba, jurila je ludo tamo-amo po stanu, nošena prividno sopstvenom snagom kao začarano đule u narodnim pripovetkama, a pošto je od kerušine gubice postajala sve vlažnija i sve klizavija, činilo se da je sve nedostižnija. Stan se do tavanice ispunio uzrujanim štektanjem psa u poteri.

*Bilo je negde oko ponoći, pa je u interesu ostalih stanara valjalo prekinuti ovu veselu igru s pevanjem. Bračni par se baci za loptom, to jest za kerušom, i poče da ih hvata sa dve strane. Niki je još prevalila jednu poslednju stolicu, a sa stolice ženinu kutiju sa šivaćim priborom, pa se širom celoga poda zakotrljaše u živahnoj zbrci naprsci, konci i klupčad pamuka, a onda u stanu zavlada tišina.

Loptu je keruša već sutradan probušila, ali njena draž, kao ni draž bačenog kamena koji ju je ponekad zamenjivao, nikad nije prestala. U prvo vreme, čak i ako bi žena bila odsutna, cvilela je satima pred ormanom: preklinjala loptu da izađe. Čim bi koje od gospodara stiglo kući, jurila je pred orman opominjući prispeloga na njegovu dužnost. Umela je da kuka tako priležno, tako umilno, tako ljupko kao dete za slatkišima, kao zaljubljena žena za muževim poljupcem, kao izgladneli za zalogajem hleba. Toj njenoj melodiji bilo je nemoguće odoleti. Ako bi loptu dobila, bacala se na nju jednim jedinim skokom, hvatala je među zube i režeći glasno trzala sve dotle, poskakujući tamo-amo i uza sve bešnje režanje, dok ulovljeno zvere ne bi ispustilo dušu. Što se loptine duše tiče, ona se već davno bila uznela u nebo, samo njeni zemni ostaci su još kukavno šištali i pucketali, ali Niki ju je svaki put iznova ubijala. Kada bi se umorila od igre — mada je bilo nemoguće umoriti se od te igre — ostavljala je ulubljenog žalosnog invalida u nekom ćošku, pa kad bi ga nekoliko trenutaka docnije slučajno ugledala, skočila bi na njega i ponovo ga davila. Kao da se svetila za izgubljenu slobodu, uništavala je s krvožednim besom baš ono što joj za po koji trenutak vraćaše slobodu.

Posle nekoliko dana od lopte behu ostali samo otpaci, a i ovi su polako jedan za drugim nestajali ispod ili iza ormana. Ali Niki se i sa poslednjim preostalim komadićem gume zabavljala s istim besnim zanosom kao još nedavno sa besprekornom elastičnom loptom; kidala ju je, grizla, čerečila, ubijala i po stoti put. Nadamo se da će čitaocima odsada biti jasno kako se u verskom životu i u poeziji naroda stvaraju simboli. Taj proces uostalom možemo da pratimo i u dečjoj uobraziji, kada devojčica pretvori klupko krpa u lutku, a lutku u svoju bebu, pa sebe isto tako realno oseća majkom kao što Niki izgriženi komadić gume oseća progonjenim zecom.

Ne beše to zdravo zadovoljenje. Kao žestoko piće, omamljivalo je ali nije gasilo žeđ. Sloboda se ničim ne može zameniti ni nadoknaditi. To je bila pouka do koje je došla inženjerova žena primećujući kako kerušu posle igre s loptom ili njenom zamenom obuzima duboka potištenost, pa se u većini slučajeva odmah povlači na ležaj, odbijajući čak i hranu. Ako bi joj igračka bila ponovo ponuđena, ona bi se istog trenutka, drhteći celim telom, našla pored nje, ali je pri tom izgledala kao notorni alkoholičar koji se neprekidno opija da ne bi morao pogledati u oči svome stvarnom stanju.

I svojoj majci bežimo onda kada nas je u životu snašlo neko zlo. Ali mi je ne preklinjemo samo za pomoć. Sa malo samozavaravanja — a kome ono nije potrebno, ako izuzmemo vazda ispravne državnike, diplomate i ostale predstavnike naroda — mi, dakle, s malo blagotvornog zavaravanja uobražavamo da nas je sama ljubav dovela majci, koju smo dotle neopravdano zapostavljali. Ako smo se razočarali u sebe i u ljude, odjednom nam se učini da dosad i nismo nikog istinski voleli sem nje, pa hrlimo k njoj, kao u hodočašće, da nadoknadimo propust i da nju uverimo u svoju ljubav, a uzgred i da se malo okrepimo njenom ljubavlju. Srećom, ova nam uvek stoji na raspolaganju.

Da li tako i životinje čine, to ne možemo znati. Dok traje veza majke i poroda, i mlada životinja žuri majci za zaštitu, ali je pitanje da li pri tom oseća potrebu da samu sebe nadmudri. Da li životinja laže, bilo drugom bilo sebi? Teško pitanje, koje bismo morali prepustiti tananijim, kompleksnijim umovima nego što smo sami, na primer državnicima, koji se po našem mišljenju prevashodno i merodavno već od samog rođenja razumeju u sve, pa su i u psihologiji nepogrešivi.

U životu pasa dobar gospodar zamenjuje i oca i majku. Ima ih razume se i takvih koji usvojenu decu drže u slugi anstvu i poput zlih maćeha cede iz njih ogromne viškove vrednosti, pa ih na primer u naknadu za čuvanje kuće i druge poslove hrane pomijama, jer čak i koru hleba žale da im bace, nego je radije nose hranjeniku. Po našem uvek nesigurnom i kolebljivom mišljenju, ovakvim ljudima trebalo bi administrativno, pod pretnjom zatvora zabraniti da drže bilo kakve životinje, podrazumevajući tu i svinje. Oni su sramota čovečanstva, poruga poštenju i razumu, bolest na telu društva. Kada bi država imala više sredstava, trebalo bi ih smestiti među umobolne.

Niki je, međutim, izgleda, imala dobre gospodare, jer se za pomoć obraćala njima. Za pomoć? Ili samo za ljubav? Je li njena nežnost, iz dana u dan sve veća, poticala iz prirodne potrebe koja protivusluge ne traži? Ili je za telesnu bedu koju joj je nanela duga zimska čamotinja tražila naknade u duši, poput sužnjeva koji robuju dugo godina? Poznajemo to divlje bujanje osećanja, kada se prigušena telesna snaga sabija u dušu, tražeći za sebe tamo posla. Stoji to da je Niki te zime i sledećeg proleća prema svojim gospodarima iz dana u dan pokazivala sve veću odanost. Sa svakim korakom osetno je rasla njihova prisnost, debljala ona zamišljena osećajna nit zbog koje se inženjer dve godine ranije uplašio za svoju nezavisnost.

Začudo, naklonost keruše bila je ista i prema jednom i drugom gospodaru, iako ju je žena hranila i provodila sa njom deset puta više vremena nego inženjer. Niki nije pravila među njima razlike, a činilo se da ih zajedno voli više nego bilo jedno bilo drugo ponaosob. Nije nikako mogla da ih se zasiti; upijala je njihovo prisustvo kao vazduh; na žalost, njega je bivalo mnogo manje. Kada bi bračni par, s mene na uštap, izašao zajedno u nedeljnu šetnju, na kej ili izuzetno na neku dužu turu, na Margitino ostrvo obraslo prolećnim zelenilom ili na budimsku obalu, ona nije znala šta bi od sreće. (Jednom su je, snabdevenu nagupčem, izveli i u Hivešveld, tramvajem). U takvim prilikama, kada bi inženjer, spremivši se pre žene, pošao napred niz stepenice, keruša ga je sledila, ali se već sa prvog zavoja vraćala trkom u stan ženi, pa bi je dotle pozivala a njega zadržavala skakućući mu tamo-amo pred nogama, dok ih najzad ne bi priterala jedno uz drugo. A i uz put, ako bi koje od njih zaostalo iza drugoga — najčešće žena, zastavši i zagledavši se u kakav beznačajan cvetić u travi ili u nekog starca na klupi što sam sa sobom razgovara — keruša se smesta kasom vraćala po nju i nije mirovala dok Ančine ne bi ponovo videla jedno kraj drugoga. To njeno nastojanje da spoji ono što spada zajedno i da od dva nesavršena dela stvori celinu beše tako upadljivo da ju je inženjer jednom prilikom nazvao svodiljom, pa se dugo i glasno smejao nad ovom primedbom, obavivši ruku nežno oko struka svoje žene, koja je već starila.

Uskoro posle izleta u Hivešveld, u avgustu 1950, Anču su uhapsili. Ujutru je otišao na posao, ali u podne, protivno običaju, nije zvao ženu telefonom, niti je uveče došao kući. U kancelariji nisu ništa znali o tome gde se nalazi, isto tako ni na radilištu u unutrašnjosti. Godinu dana nije o njemu bilo nikakvih vesti.

Za ženu nastadoše teška vremena. Inženjerovu platu primala je još samo mesec dana; valjalo je da se pripremi da živi od sopstvene zarade. U odeljenju državne bezbednosti ministarstva unutrašnjih poslova, kojem se bila obratila za obaveštenje, nije dobila nikakve vesti o mužu, ali joj posavetovaše da ga više ne traži. Pošto je na taj način postalo jasno da se nalazi u rukama državne bezbednosti te da se protiv njega vodi istraga zbog neke političke krivice, žena je uzalud tražila posla, nigde je ne htedoše primiti. Najmila se da sprema po kućama, docnije je radila kod svoje kuće za jednu privatnu trikotažu, ali je sve to bilo jedva dovoljno da se prehranjuje.

Otprilike dva meseca posle inženjerovog hapšenja, u Peštu stiže stari Anča, kao delegat na jednom kongresu stahanovaca, i tek tu saznade za sinov nestanak. Stari rudar, mada je već godinu dana bio na državnoj penziji i živeo dosta oskudno, htede smesta da povede snaju sobom u Šlagotarjan. Ali ona je želela da ostane u Pešti, da onde dočeka muža, ako ga bude uopšte ikad videla. Počev od sledećeg meseca rudarska porodica slala joj je mesečno 55 forinti.

Pošto je pretila mogućnost da joj oduzmu stan, ili da joj u drugu sobu usele sustanara — kao što se docnije i desilo — postavljalo se pitanje da li Niki može i dalje ostati kod nje. Porez na psa iznosio je pet forinti mesečno, a i hrana je stajala 20—25 forinti. Ima li ona prava da skoro celu pomoć koju joj šalje porodica potroši na keruši? Mogla je istina da proda ponešto od nameštaja u stanu i da na taj način svoj položaj unekoliko olakša, ali se ona odreče toga. Nije napuštala nadu da će joj se muž jednom ipak vratiti.

Sudbinu keruše zapečatila je najzad jedna uspomena, a dodajmo odmah da je ona inženjerovoj ženi donela olakšanja. Pade joj na pamet nešto što je jednom, više nije znala kad, rekla njena svekrva, žena staroga rudara: „Znaš — kazala je — ja toliko volim životinje da u životu nisam još ni jednu kokoš zaklala. Radije bih umrla nego da ubijem i miša." Ovo sećanje, poput kakve bleštave moralne kulise, osvetlilo je ženino očajno neodlučno srce. Tako Niki izbeže — kažimo: hvala bogu — najgoru sudbinu koja može zadesiti psa: da izgubi gospodara.

Pošto prođoše prve nemirne nedelje, te žena poče da nalazi vremena i za Niki, i pošto beše konačno odlučila da je zadrži, ona joj pokloni poslednju spavaćicu koju je inženjer upotrebio i prostre je preko kerušinog ležaja. Niki je požudno onjuši sa svih strana, zatim leže na nju celom dužinom i nastavi da je njuši. Bilo je očigledno da se unekoliko umirila. Ali je zato i dalje svake večeri čekala gospodara. Ako bi dole posle zaključavanja kapije neko zazvonio domaru, Niki je sedela na ležaju, nagnuvši glavu najpre na jednu pa onda na drugu stranu napeto osluškivala, a ponekad bi pritrčala vratima, i, položivši glavu na pod, po nekoliko puta, srčući, duboko udahnula vazduh. Posle nekog vremena vratila bi se polako i tromo do ležaja i s uzdahom se bacila na njega. Ponekad je nada bila tako jaka da joj se činilo da prepoznaje inženjerove korake; kao izbezumljena, stenjući i jecajući, grebala je vrata s tolikim besom da je ženi zastajalo srce u grudima, pa bi istrčala u predsoblje i otvorila vrata, praćena u stopu skičanjem keruše. Dok bi nepoznati čovek prošao stepeništem pred njihovim vratima, one bi se već obe bile okrenule i vratile u stan. Žena se i noću često budila iz sna od pucketanja parketa pod lakim nogama životinje; kada bi upalila lampu na noćnom stočiću, ugledala bi pored kreveta kerušu kako tužno opuštenih ušiju, oborene glave, gleda nepomično preda se u zemlju.

Jedne noći Niki glasno zastenja u snu, pa sede na stražnje noge i, zabacivši glavu, poče zavijati. Nije se dala ućutkati. Žena se diže iz kreveta, čučnu pored ležaja životinje, uze da je miluje po glavi. Najzad, pošto se plašila da će se susedi razbuditi, uze je u naručje i unese u krevet. Tada se prvi put desilo da Niki spava u njenom krevetu. Ali žena je sada i više nego ranije pazila da ni ona sama ni keruša ne budu na smetnji nikome. Posle muževog hapšenja, među stanarima se našlo i takvih koji su je upadljivo izbegavali; drugi, sa kojima se i bliže poznavala, sada su zaboravljali da joj se jave; ponekad, ona bi se stresla osećajući da je nečiji pogled prati s leđa pun mržnje. Činila je, dakle, sve što je bilo u njenoj moći da joj se prisustvo neprimetno gubi u životu velike najamne kuće; kretala se po stepenicama tiho kao senka, izbegavala je ljude, a iz stana joj se nije moglo čuti drugog glasa sem ponekad uzbuđenog laveža keruše.

Jednoga jutra kada je vodila Niki na kej, neki kamion natovaren zemljom, dolazeći iz pravca velikog bagera koji je radio u blizini Margitinog mosta, zaokrenu na kolovozu tik pred njom. Niki se uplaši i zalaja na kamion. Za volanom je sedela neka žena u plavom radničkom kombinezonu, koja baci prezriv pogled na „damu" sa psom i doviknu da bi pametnije učinila da šeta unučiće. Žena produži put bez reči, ali oči joj se napuniše suzama. Posle nekoliko trenutaka, digavši pogled sa zemlje, primeti da kerušu juri neki čovek u beloj košulji zavrnutih rukava i sa štapom u ruci. Iz jedne ulice koja je izlazila na kej, iskočiše, dotle skrivena, dva čoveka u belim košuljama naoružani štapovima, i pojuriše za kerušom koja je bežala. Niki beše dospela u obruč strvodera.

Potrajalo je nekoliko trenutaka dok se žena pribrala. Kada je shvatila šta se dešava, nju, inače pitomu kao jagnje, obuze neizmeran bes: izgledalo joj je da se ljudi spremaju da joj otmu poslednje što joj je ostalo. Ona i sama potrča i odgurnu jednog od strvodera koji se našao pred njom, tako da se ovaj zanese i zamalo ne pade naleđice.

Keruša je trčala baš prema njoj, praćena u stopu od prvog strvodera koji je nastojao da joj oko vrata baci žičanu omču pričvršćenu za kraj dugačkog štapa. Trčala je krivudajući tamo-amo, podvijena repa, lepršajući ušima na vetru. Kada ču glas gospodarice, koja je očajnički viknu po imenu, ona naglo zaokrenu i ustremi se ravno prema njoj. Srećom beše u poslednjem trenutku primetila da neposredno ispred žene trči treći strvoder koji će je svojim štapom stići pre gospodarice. Imala je upravo toliko vremena da skoči u stranu i da zavije u malu poprečnu uličicu koja suprotnim svojim krajem izlazi na Požunski put.

Iza žene koja je uzbuđeno vikala, i strvodera koji su trčali bez reči lupajući snažno potkovanim cipelama, skupilo se u međuvremenu dosta sveta. Ljudi su glasno negodovali gledajući podlu hajku, i okupljajući se na trotoaru kojim je keruša bežala, otvarali joj put a sprečavali gonioce u njihovom trku. U Pešti strvoderi ni inače ne uživaju simpatije, a u tadašnjoj napetoj situaciji cela ulica se bila udružila protiv njih. Njima su ljudi smeli da kažu šta o njima misle. I pošto sva trojica behu jaki mišićavi momci, na njih se sručiše saveti da bi bolje učinili kada bi pokušali da svoj hleb zarade drugim poslovima, na primer u nekom rudniku ili okopavajući krompir. Nazvaše ih dželatima.

Izgledalo je da Niki malaksava, ne toliko od telesnog zamora koliko od uzbuđenja i zbunjenosti. Strvoderi, ljuti zbog otpora ulice, trčali su za njom oznojenih lica i uporno, a jedan se bio primakao begunici tako blizu da je štapom već nekoliko puta zamahnuo na nju i jednom je samo za dlaku promašio. Tada keruša s naglom odlukom jurnu u jednu kapiju. Neko spolja zalupi s treskom otvoreno krilo. Uto stiže inženjerova žena, i ljudi, videći je onako sedu i zadihanu i uplakanu, ponovo glasno zagrajaše, zahtevajući energično da dželati najzad odustanu od svoga mučenja životinje i čoveka.

Lako je moguće da bi iz gomile, koja već inače beše uzbuđena, izbio davno prigušivani gnev, te da bi strvoderima bila priređena gadna igranka — docnije verovatno okvalifikovana kao nasilje nad organima vlasti — ali i ova trojica već behu doprli do granice svoga zalaganja. Jedan od njih, očito brigadir, priđe ženi i pozva je u kuću gde se keruša bila sklonila. Niki je sedela preko puta kapije na zavijutku stepenica, i čim je videla čoveka u beloj košulji kako ulazi, okrenula se i u trenutku nestala u stepeništu. Žena upita strvodera šta hoće od nje. Ovaj namignu i pruži dlan. Imala je kod sebe dvadeset forinti, skoro poslednji novac za taj mesec; dade ih državnome službeniku.

Nekako u isto to vreme pozvaše je u rejonski komitet partije, gde joj postaviše pitanje da li je već pomišljala da se razvede od muža. Nisu je nagovarali, nego su samo dodirnuli to pitanje, napomenuvši da joj ne mogu poveriti rad na narodnom prosvećivanju dokle god nosi ime jednog izdajnika, a zatim: smatra li da može pomiriti sa svojom komunističkom savešću činjenicu da po ceo dan, umesto rađa, šetakerove? Žena je oborila oči i bez reči izašla iz sobe. U toku jednog razgovora u Trinaestom opštinskom komitetu partije, kojem se bila požalila, postupak rejonskog komiteta dobio je ocenu preterane revnosti. Nekoliko nedelja posle toga stambena uprav useli joj u stan, kao sustanare, jednu četvoročlanu porodicu.

Nastupila je oštra zima, a žena nije imala dovoljno novaca za ogrev. Stalno je zebla, a pošto joj organizam beše oslabio i od fizičkog rada, ona se razbole. Odležala je u krevetu dve nedelje, za koje vreme je domarka vodila kerušu dva puta dnevno na po četvrt sata u šetnju. U Pešti nije imala prijateljica, jer otkad se behu preselili iz Šoprona, inženjeru nije preostajalo vremena za društvo, a njena jedina bliža poznanica, žena jednog inženjera u Fabrici rudarskih mašina sa kojom se ranije povremeno posećivala, nije joj ni jednom došla posle Ančinog hapšenja. Tako osta udvoje sa kerušom.

Kada bismo imali sklonosti za satiru, postavili bismo pitanje, kako je moguće da je Niki i dalje održavala prisne odnose sa inženjerovom ženom, umesto da se od nje preselila u neki drugi stan, po mogućstvu na drugom kraju grada. Činjenica je da keruša, premda je živela loše, ne pokazivaše ni najmanjeg znaka takve namere. Ali ova treća zima, dotle najsurovija, vidljivo ju je istrošila. Žena je ponekad pomišljala da je životinja zaboravila inženjera — ta prošlo je bezmalo pola godine od njegovog nestanka — ali bi se uvek po nekoj sitnoj pojedinosti uverila da ga ona još uvek drži u pameti. Jednom je oprala spavaćicu koju joj beše poklonila.

Niki je upravo spavala u ripsanoj naslonjači boje duvana — vidimo da je pod ženskom upravom disciplina u državi znatno popustila — pa nije primetila da je gospodarica uzela košulju. Ali kada se uvče odgegala do ležaja, smesta je poče uznemireno tražiti, i još je dugo grebala jastuk sleva i zdesna, ne mogući nikako da se odluči da legne. Stajala je u ćošku oborene glave i podvijena repa kao da su je istukli.

Jednom drugom prilikom žena odluči da iz ormana povadi inženjerova odela, da vidi da li se nisu umoljčala. Jedno odelo, prebačeno preko vešalice, obesila je na ekser u zidu. Pretresajući dalje orman, odjednom ču kako joj za leđima keruša glasno skiči i živo poskakuje. Okrete se začuđeno: Niki je pred odelom izvodila davno neviđeno oduševljene skokove, i obuzeta ludim uzbuđenjem, lajući glasno, pokušavala da uhvati obešene rukave sakoa. Iako nerado uznemiravamo čitaoca nesigurnim pretpostavkama, smatramo za moguće da je keruša po iznošenju gospodarevog odela zaključila da će se i on sam odmah pojaviti — žena je ranije imala običaj da mu izjutra, dok bi se on u kupatilu umivao, pripremi odelo — ali je moguće i to da ju je tako neumereno uzbudio samo poznati miris, kao što može da nas izvede iz ravnoteže fotografija umrle dragane kad na nju neočekivano naiđemo.

Keruša je te zime, inače, i fizički oronula. Omršavila je, klonula, izgubila snagu, jedva se i šetnjama radovala. Od nekadašnje neumorne volje za igru ostali su u njoj samo bledi tragovi. Ponekad je, uspravljena na stražnjim nogama, zaskakivala na gospodaricu, pokušavajući veselo da joj dohvati ruku, ali bi posle jednog minuta toliko podivljala u igri da je žena uplašeno trzala ruku. Režala je, grizla, nakostrešene dlake i ušiju zaturenih niz glavu, zabijajući zube u meso, kao da želi da uništi i ono što je još ostalo od njenog starog sveta. Gubila je upadljivo dlaku, pa joj je žena dva puta nedeljno stavljala u hranu po zrnce kvasca, ali ni to nije mnogo pomagalo.

Jednog popodneva zazvonilo je na vratima predsoblja, i keruša se uznemirila više nego obično. Vrata je otovrio sustanar — inženjerovu ženu niko nije posećivao — ali Niki se ovog puta ne zadovolji opominjućim režanjem i tihim pretećim krkljanjem, tim uobičajenim sredstvima odbrane stana. Pritrča vratima, onjuši, zamaha repom, a onda prodorno zalaja piskavim falsetom, kojim je obično javljala radosna uzbuđenja, na primer u lovu na zeca ili kada bi potrčala za bačenim kamenom. U predsoblju se tiho razgovaralo, ali keruše više nije osluškivala glas. Grebala je vrata, a onda skočila prema kvaci kao da bi da otvori. Žena ustade i malo drhtavom rukom sama otvori vrata. Znala je, doduše, da to nije stigao muž, jer njega bi keruša drukčije dočekala, ali je bilo jasno da posetilac dolazi k njoj i da ga Niki poznaje — možda donosi vesti o mužu!

Međutim, Jeđeš-Molnar ne samo što nije donosio vesti nego je i sam tek toga dana saznao za inženjerovo hapšenje. Poslednje pola godine radio je u Tatabanji, i tek se prethodne večeri vratio u Peštu, gde ga je novost dočekala. Posle rada je odmah pošao da poseti ženu svoga prijatelja.

Njegovo bogatstvo reči nije pružalo mnogo utehe, ali je to tim više učinila mirna, snažna pojava. U njoj kao da beše unekoliko sadržano i prisustvo inženjera, poput mogućnosti rasvete u lampi; žena je, i ne primećujući to, živnula, u dva-tri maha se čak osmehnula. Ogromno telo Jeđeš-Molnara mirovalo je obuhvatno i teško u ripsanoj naslonjači boje duvana, on bi tu i tamo pogledao kroz prozor, povremeno ispustio po jednu rečenicu, mrmljao, klimao glavom, posmatrao kerušu. Ova pošto mu beše straga temeljito onjušila noge — znamo da se u oči nije pouzdavala — stajaše sada na stražnjim nogama prd naslonjačom i gledaše s očekivanjem u lice čoveka. Jeđeš-Molnar joj ne reče ništa. Keruša ga gledaše i dalje. Ni jedno nije govorilo. Posle nekog vremena čovek mrdnu ušima dvaput uzastopce, najpre okomito, pa vodoravno.

Dejstvo beše opet neočekivano. Niki kratko lanu, a onda skoči čoveku na krilo i radosno bocnu nosom prema ušima u pokretu. Ali Jeđeš-Molnar zagunđa i otera psa sa krila. Nije voleo da se fizički zbližuje sa životinjama.

— Vidite kako se navikla? I čovek mora na mnogo štošta da se navikne — ponovi on skoro od reči do reči dragocenu misao koju je jednom, pre dve i po godine otprilike, dole na keju saopštio inženjeru.

Počev od toga dana posećivao je ženu često, po jedanput u sedmici, obično nedeljom, i donosio joj, na svoj trapavi način ali tako da ona nije mogla da se uvredi niti da ga odbije, čas malo domaće slanine, džigernjače, kobasice i sličnog jela, čas bocu dobrog vina, pravo sa Čopaka, sa imanja jednog svog poznanika vinogradara. (Tada je to bilo jedino pristojno vino u Mađarskoj, gde su se u to vreme, zahvaljujući jednom zamašnom ali tajnom novatorskom postupku, i najčuvenija vina Heđalje, Badačonja i Mora pravila od kukuruza). Ponekad je ženu pratio i na večernjim šetnjama sa psom, a kada se iznad još zimljivo namršćenog Dunava došunjalo proleće u cvokotavi, slabo loženi grad, nagovorio bi je i na duže ture. Smatramo da ne moramo nadugačko dokazivati kako bi govorni učinak ovih tihih šetnji mogao bez po muke da se pribeleži i krasnopisom; na žalost, on ne bi mogao da se takmiči ni sa najkraćim političkim referatom. Na taj način, prirodno, nikad se nije povela reč niti je žena ikad saznala o tome da Jeđeš-Molnar istrajno, ne prezajući ni od kakvih administativnih ili birokratskih teškoća, ispituje gde se inženjer nalazi i kako mu je. Juče na primer — podrazumevamo dan uoči poslednje šetnje — dospeo je čak u AVO, koji se upravo bio preselio iz zgrade u Andrijaševoj ulici 60, odnosno Staljinovoj ulici 60, u novosagrađenu palatu na obali Dunava, namenjenu za ministarstvo unutrašnjih poslova ali prepuštenu ovoj ustanovi. Dobivši ovde dobronamerni ali strogi savet da u sopstvenom interesu odustane od daljeg raspitivanja i istraživanja, ogromni rudar, dvostruki stahanovac i nosilac dvaju Košutovih ordena, unuk i praunuk šalgotarjanskih rudara, sin borca mađarske Crvene amrije i sam član ilegalne komunističke partije kroz period od dvadeset jedne godine, udario je svojom golemom pesnicom dvaput uzastopce tako snažno na pisaći sto kapetana AVO-a da je ploča stola napukla po celoj dužini. U toku saslušanja koje je sledilo izneo je s neuobičajenom opširnošću svoju biografiju, zatim i mišljenja šalgotarjanskih radnika o ponekim stvarima, a kada su ga najzad kasno uveče pustili, dobio je obećanje da će uskoro biti obavešten o stvari koja ga interesuje. Mesec dana kasnije pozvaše ga i saopštiše mu da mora još čekati. Nastupilo je i leto kada je ženi mogao saopštiti da Anča živi, da je zdrav i da će uskoro pisati.

Žena, na žalost, nije ovu vest mogla da saopšti keruši. Jedino posredno, dajući joj da oseti kako je njena sopstvena volja za život porasla, kako joj se nada razbuktala, kako joj se odjednom celo biće ispunilo pouzdanjem. Mogla ju je saopštiti svojim telom, glasom, sjajem u očima, svežinom pokreta, tim telesnim morzeovim znacima duše. Pa i ovako je radosnu vest budućnosti — mogući povratak muža — trebalo povući nazad u sadašnjost da bi za kerušu postala razumljiva. Budućnost je i inače mnogo ometala njihovo sporazumevanje. Upotrebu prošloga vremena njihovi dodiri nisu iziskivali, ali upitajmo se, na koji bi se način dalo objasniti keruši da će gospodarica, iako napušta kuću, samo trknuti do robne kuće na Bulevaru svetog Stevana pa se vratiti za četvrt ili pola časa, i da prema tome Niki ne bi morala da obesi svoju duguljastu belu glavu sa onim trima tačkama, sjajnim očima i putnjičavim nosom, niti da za odlazećom, podvijena repa, opuštenih ušiju i od očajanja smešno klecavih nogu, baci onaj samrtnički pogled kojim kao da se od nje zauvk oprašta. U početku — žena je pokušavala da se objasni rečima. ,,Sad ću se vratiti, kucice" — rekla bi bodro, gotovo veselo, lupkajući životinju šaljivo po plećki koja je drhtala. U moždanim vijugama Niki ova kombinacija reči beše se pretvorila u trotaktnu ariju usamljenosti. Kad bi ih čula, pa makar i s najnestašnijim prizvukom, ona se toga istog trenutka zauvek praštala sa ženom. Bilo joj je sasvim svejedno na koliko vremena ona napušta kuću: prolazeći kroz vrata kao da je odlazila u večnost. Kao što je svaki povratak gospodara, bez obzira da li je usledio posle deset minuta ili nekoliko dana, dočekivala s podjednakim neobuzdanim oduševljenjem, tako ju je i svaki njihov oproštaj podjednako poražavao: činilo joj se da glasi za ceo život. Čim bi se žena pripremila za izlazak, obukla kaput ili uzela korpu u ruku, keruša, ako je dotle zevala na svom ležaju, skakala je istog trenutka uvis, i s plivajućim pokretima prednjih šapa, samo što ne bi iskočila kroz prozor od sreće. Ali jedan pogled žene beše dovoljan da je zaustavi u letu. Nije morala ni reč da izusti, već samo da pogleda kerušu ili da je i ne pogleda, pa bi sledeći skok već zastao u nogama. I dok bi zatim zazvučala trotaktna arija „Sad ću se vratiti, kucice", Niki bi se već bila okrenula, i s olovnom težinom strašnoga umora u nogama i u obešenom repu — kuda bi se ona prelila pravo iz duše — odšepesala u najmračniji ćošak sobe, iza korpe za otpadke. Dešavalo se, dabome, da nije verovala ušima i očima; da ju je neka bezumna nada podsticala da nastavi posmatranje. Tada bi stala na sredinu sobe i s obešenim ušima i repom, bezizraznim pogledom pratila svaki ženin pokret. Ne bi se prenula ni onda kada je ova prilazila vratima predsoblja, i mada joj se na svakom mišiću, poput opruge što samo čeka da uskoči, ogledala spremnost za prvi skok a zatim za dalji trk, ostajala je do kraja nepokretna i samo je pogledom ispraćala ženu. U tom njenom pogledu — koliko je ljudski um sposoban da ga analizira — ne beše ni negodovanja, ni ljutnje, ni razočaranja. Ne beše u njemu ničeg. Beše sâmo nebiće, ravnodušnost s one strane očajanja, pomirenost sa smrću, i delovaše skoro glupo u svojoj otupljenosti. I kada bi se u takvim prilikama, u samom trenu kada žena položi ruku na kvaku vrata predsoblja, keruša poslednjom snagom bacila na pod i još jednom digla pogled prema njoj, ova uvek osećaše iskušenje da se okrene i da ostane kod kuće. Njeno srce, oslabljeno dugim udovanjem, teško je izdržavalo taj pogled koji u svojoj bezgraničnoj neutešnosti kao da dolažaše iz besmislene praznine s one strane postojanja.

Najviše ju je tada bolelo ćutanje keruše, ćutanje ne samo njenog jezika i glasnih žica već i celoga tela. Nije plakala, nije protivrečila, nije se suprotstavljala, nije tražila objašnjenja i nije joj se moglo objasniti: mirila se ćutljivo sa svojom sudbinom. To ćutanje, slično konačnom ćutanju robijaša koji je slomljen i dušom i telom, delovaše na ženu kao gromki protest samoga bitisanja. Nikad nije s takvim intenzitetom osećala tragičnu potčinjenost i bespomoćnost životinja kao u tim trenucima kada bi, s korpom u ruci, pogledala sa vrata prema psu koji je ležao nepomično i ćuteći na sredini predsoblja i s glavom položenom na prednje šape dizao prema njoj svoj pogled. Kako da tome koncentratu samrtničke pomirenosti objasni da ide samo na pijacu da pazari i da će se za sat vremena vratiti? Ili da ide u trikotažu na Ferdinandovom trgu, docnijem Trgu udarnika, ili u jednu od njenih filijala u Turzovoj, docnijoj Muk Šandorovoj ulici, i da će najkasnije do podne stići kući? Kako da objasni da će se i inženjer po svoj prilici vratiti, ako ne do podneva, možda kroz deset godina? Ponavljam, životinji je bilo svjedno da li je gospodari napuštaju na jedan sat ili na jednu godinu; u oba slučaja njihov odlazak je bio ravan napadu gušenja. Svakog trenutka beše joj neophodno njihovo prisustvo; uvlačila ga je u sebe svakom česticom, kao vazduh.

Vest da gospodar živi i da postoji, teoretska mogućnost da će ga ponovo videti svakako bi obradovala Niki, samo da joj je ona mogla biti saopštena. O tome, pak, kada će se ta mogućnost ostvariti ne bi mogla ni žena da je obavesti: još mu ne behu sudili pa ga prema tome ne behu ni osudili. Osim Jeđeš-Molnarovog saopštenja nije dobila o mužu ni jedne vesti za daljih godinu i po. Ali ni docnije, kada je već mogla s vremena na vreme, jednom u tri-četiti meseca, da poseti muža u Centralnom zatvoru, ni tada ona nije imala nikakve mogućnosti, odnosno nikakvog usmenog sredstva da to saopšti keruši. A ovoj bi to bilo i te kako potrebno.

Ne mislimo da postavimo rizično pitanje da li životinja, na primer pas, može da se takmiči sa čovekom u pogledu vernosti ili druge discipline ljubavi. Zato ni za živu glavu ne bismo hteli da postepeno telesno i duševno propadanje Niki, njeno prevremeno starenje pripišemo odsustvu gazde; po našem vazda kolebljivom mišljenu ono se može isključivo objasniti slabim kvalitetom njene ishrane i nedostatkom kretanja. A i otkud bi jedna ženka od pet godina, dakle u cvetu zrelosti, uz to jaka i zdrava, s neizmernim rezervama životne snage, slabila i linjala se samo zato što je jedan čovek prijatna mirisa, koga je primila za gospodara, nestao pre nekog vremena ispred njenih očiju? Njoj beše potrebno više kretanja, više vitaminske hrane i veselije okoline, i gospođa Anča je nastojala, u smislu primljene odgovornosti i koliko god joj snage dozvoljavahu, da za Niki sve to pribavi.

Otkako se uverila da joj muž još živi, ona je Niki više šetala, češće je sa njom razgovarala, i trudila se da od svoje unekoliko uvećane životne volje i njoj pruži udeo. Da kupuje lopte, za to nije imala novaca, pa je lotpanje nadoknađivala bacanjem kamenica. Počev od leta 1952, kad joj se zdravlje kako-tako uravnotežilo, otkidala je od svoga rasporeda časova barem po sat-sat i po za kerušu; najčešće bi u vreme poslepodnevnog odmora preduzeli tradicionalnu šetnju po keju. Niki, kao da je u nekom od nervnih čvorova nosila mehanizam časovnik, silazila je u dva sata, na minut tačno, sa svog legla i sedala pred ženine noge. Ako je ova iz nekog razloga, recimo zato što je upravo krpila svoje rublje, oklevala, keruša se posle izvesnog vremena dizala na stražnje noge, i podigavši jednu prednju šapu, prevukla njome u znak opomene preko ženine ruke, pa bi zatim ponovo sedala pred njenu šamlicu. Ako je vreme i dalje proticalo, beskorisno i besplodno, bez ikakvog shvatljivog cilja, ponavljala je znak, a ako ni to ne bi pomoglo, počinjala je da zeva veoma glasno i podrugljivo. Kada kažemo podrugljivo, mi rezimiramo više utisak gospođe Anče nego sopstveno neodlučno mišljenje; verovati je da životinje ne poznaju ovu pakosnu igru duha kojom se po našem shvatanju zabavljaju samo zlonamerni, podli karakteri. Ovo naše shvatanje potvrđuje i okolnost da bi Niki posle svog navodno podrugljivog zevanja smesta obasula gospodaricu nesumnjivim izrazima ljubavi. Ustajala je na dve noge, i položivši glavu na ženino koleno, zadahtala, s pogledom uperenim u njeno lice. Ponekad je i po četvrt časa ostajala nepomična u tom neudobnom položaju, kupajući se u voljenoj toplini ženinog tela i dajući njenoj butini za uzvrat svoje strasne brze otkucaje srca. S vremena na vreme davala je od sebe jedva čujan srkutav glas, kada bi joj ženino koleno malo pritisnulo grlo i u njemu zaustavilo vazduh. Ako bi je pak žena tu i tamo smirujući pomilovala po glavi, smesta bi u znak zahvalnosti strasno mahnula repom, iz čijeg su skraćenog završetka strčale tri bele dlake. Jedinu preostalu radost života, šetnju i trčanje za kamenom, davala je bez prigovora za jedno milovanje. Bila je osećajna priroda. Kada bi joj se stražnje noge već ukočile od dugog stajanja, sedala je ponovo do ženinih nogu, pored šamlice. Budući vreme posle ručka, hvatao ju je san. Znamo da psi, poput Napoleona, mogu da spavaju ma kad i ma gde. Bilo je zabavno posmatrati kako je san potajno osvaja, tačno onako kao što savladava čoveka kad sedi. Trepnula bi jedanput-dvaput, njena glava bi počela da podrhtava a onda bi pala na grudi. Od naglog pokreta ona bi se povratila, digla bi ponovo glavu, vratila blistavi pogled na ženino lice. Jedno vreme bi je gledala, dok ne bi počela ponovo treptati i još jače podrhtavati glavom. Oči bi joj se za po koji trenutak sklopile, ispred belih trepavica videla bi se još samo po jedna tanka crna linija. Zatim bi, kao da se predaje sudbini, jednom uzdahnula, legla na bok, i opružajući sve četiri, zaspala.

Ali kada bi najzad ipak dospela na kej, život se u njeno izmršavelo malo telo vraćao tolikom snagom i obiljem da je tako reći jedva nalazio mesta ispod kože, tu i tamo već iskrzane, ogolele. Tada se od svoje prve mladosti razlikovala samo utoliko što se brže zamarala a teže zadovoljavala, što joj je izdržljivost bila manja od želje. Igrala bi se bila od jutra do sutra, ne bi uopšte nikad ni prestala, da joj mišići, srce i pluća nisu zaostajali iza uzbuđenja. Istoga časa kada bi stigli na Dunav i kada bi se žena sagnula da podigne prvi kamičak, kej odjednom kao da se po celoj svojoj dužini punio svuda prisutnim zahuktanim belim telom keruše, njenim zaglušnim oštrim lavežom. Sama ona obavljala je toliki promet, i s tolikom razuzdanom veselošću, da su se iznad njih na ulici užurbani prolaznici naginjali preko ograde i neki smejući se, neki nervozno posmatrali bučnu atrakciju. Istini za volju moramo sa žaljenjem konstatovati da je u to vreme bivalo više zlovoljnih nego veselih zazjavala: ukidanje karata za snabdevanje, skopčano sa znatnim porastom cena i postupnim sniženjem životnog standarda, mutilo je raspoloženje ljudi već poduže vremena. Rojile su se zlobne primedbe na „luksuzno kuče", a ne jednom su se čule opaske da „dok jedni gladuju, drugi imaju i za kerove" i pitanja „da li tu kučku hranite praškom ili kasovičkom šunkom?" Ali gospođa Anča, koja se dotle krila od pažnje javnosti koliko je god mogla, sada, poput antičkih majki, ne bi bila ustuknula ni pred krvavim obračunom u interesu svoga psa. Imala je na to pravo, savest joj beše čista.

Sagnula se, podigla kamenicu. Istog trenutka, istom brzinom kojom je žena digla ruku, Niki se vinula uvis kao da kamenicu hoće da uhvati još u letu, a onda, obrnuvši se oko svoje osovine, ponovo se skotrljala pred ženine noge. Dok je ova kamen držala u ruci, keruša se neprekidno okretala, vrtela u vazduhu, da bi se na sve četiri, malo predugačke noge ponovo postavila tek pošto kamen u visokom luku krene svojom putanjom. Na žalost, poput većine žena, gospođa Anča nije kamen bacala iz članka i lakta, već iz ramena, pa je tako kamenica letela svega desetak-petnaest metara; smešna razdaljina, koja keruši ne beše dovoljna ni za jedan zub. Jedva je imala vremena da dva-tri puta lovački oštro i zadihano lane, i već bi stigla plen, da ga, povijajući telo malo u stranu i polažući glavu nad kaldrmu, pažljivo uzme među zube i u veselom trku vrati ženi pred noge. Ova se saginjala i ponovo ga bacala.

Stvar je naravno izgledala drukčije čim bi igru, odnosno kamen, uzeo u ruke muškarac, na primer novi sustanar, mehaničar u elektroindustrijskom preduzeću Ganc, docnijoj Fabrici elektirčnih uređaja Gotvald Klement, koji se uskoro po useljenju — sasvim suprotno sustanarskim običajima i tradicijama — sprijateljio sa tihom, tužnom ženom, pa dakle i sa njenim psom, te je ponekad uveče, zajedno sa svojom ženom, pratio Ančine na kej, opovrgavajući svojim rođenim postojanjem onu, u Budimpešti veoma raširenu praznovericu da je čovek čoveku vuk. Začudo, ovaj omaleni radnik sa naočarima na nosu ni u sustanarskoj varijanti nije postao krvožedni tigar niti hijena lešinar, pa ne samo što inženjerovu ženu nije u noćno doba davio golim rukama, već ju je s vremena na vreme pozivao sebi, u svoju sobu, na čašicu vina, a kerušu na porciju telećih kostiju koje bi nakupio u fabrici. Što je najvažnije, razgovarao je sa njom ljudski, na poštenom mađarskom jeziku. Raspitivao se da li već ima vesti o inženjeru, a ako ih nije bilo, nastojao je da ženu uteši, posle čega ne bi dezinfikovao ni jezik ni ruke, pa bi se ipak sutradan probudio u svom krevetu zdrav i čitav. Njegova smelost, koju bismo kod tako malog čoveka s naočarima okvalifikovali okorelom, išla je dotle da je u preduzeću spomenuo ženin slučaj, a jednom prilikom sekretaru partijske organizacije postavio pitanje da li interesi socijalizma zahtevaju da žena jednog političkog krivca, sama nevina, bude obavezno osuđena da umre od gladi.

Kada bi on uzeo krmilo, odnosno kamen, u ruku, situacija se smesta menjala. Pošto ga je bacao iz članka i lakta, dakle na propisan muški način, u igri su mogle da uživaju obe strane. Keruša je za bačenim kamenom mogla da trči u dugim skokovima i istrajno do mile volje, a pošto bi ga zgrabila za gušu, vraćala se u veselom galopu i sa njuškom zadovoljnom kao posle dobro obavljenog posla. Što kamen nije imao četiri noge, ni zečji miris, ni zaturene duge uši, to nije vređalo njeno osećanje stvarnosti; sve što joj je realni život uskraćivao, umela je da nadoknadi svojom detinjski gipkom i bogatom maštom. Bilo je prava radost za oči videti kako njeno telo u tim kratkim trenucima ponovo zadobija snagu i lepotu sopstvenog bića, kako se svaki njen mišić i živac ponaosob stavlja ponovo u službu one celine koju je priroda za nju smislila. Gospođa Anča je naročito uživala u onim trenucima kada bi keruša čekala da kamen, već dignut u ruci, bude bačen. Zgurena na dugim ustreptalim nogama, spremna za skok svakom svojom česticom, mišića tako skupljenih da je izgledala upola manja nego obično, ona je gledala nepomično u ruku koja joj se njihala tamo-amo nad glavom, pa se ženi činilo da se u tim sekundima sva njena životna energija zbija u tamnim očima. Da je htela da naslika simbol budnosti, ona bi za model uzela ovu vitku belu glavu životinje, sa gustim, usredsređeno pohlepnim sjajem u očima koje su celu njušku ozarivale pameću, i pod njom vitko telo što podrhtava tanano kao upaljen motor, spremno svakim svojim najsitnijim delićem za zadatak koji treba da izvrši. U istom trenutku kada bi kamen poleteo, snaga skupljena u pogledu vraćala se u telo; keruša bi skočila uvis, obrnula se oko osovine, i s ušima bačenim nazad, s nadaleko raskrečenim nogama, sa oštrim i glasnim polaznim lavežom koji bi se više puta ponovio, pojurila neverovatnom brzinom. Kao što smo već spomenuli, u takvim prilikama ni vučjaci nisu mogli da drže sa njom korak. Niki se naočigled bolje zabavljala kada je njenim vežbama upravljao muškarac; štaviše, ona se pokazivala spremnom da napusti inženjerovu ženu za ljubav kakvog bilo nepoznatog čoveka raspoloženog da se sa njom poigra. Sa stidom priznajemo da ste Niki mogli odmamiti čak i na kraj sveta jednim običnim oblutkom, obećanjem malo igre, o čemu, kako nam se čini, imamo konkretnih dokaza. Kada se igrala sa bilo kojim stranim muškarcem, gospodarica ju je uzalud zvala i mamila kući, uzalud privlačila zviždukom koji joj beše poznat i drag — nije se za sve to nimalo brinula. Trčala je za neznancem ukočeno uzdignuta repa i jedva ako bi se s vremena na vreme osvrnula prema ženi, kojoj se u tim prilikama činilo da u pogledu keruše otkriva dobru dozu nemarnosti, čak i drskosti, jedan izraz koji bi otprilike odgovarao naglasku rečenice: „Zviždi ti koliko ti drago". S malo dobre volje, mi bismo, naravno, mogli prihvatiti i drugo tumačenje, po kojem je Niki, osvrćući se, izražavala žaljenje, koje bi odgovaralo jednom sasvim drugom naglasku: „Ovo je, na žalost, jače od mene; ostajte zbogom!" Činjenica je da se u takvim momentima ženina vera opasno poljuljala, dovodeći je čak do sumnje u poštenje pasa, razume se neopravdano. Ali ako se odbiju ova mala i retka intermeca, redovne šetnje i skromne zabave posle ručka godile su ne samo keruši; one su i gospodaricu u punom smislu reči osvežavale. Bogatila se dajući drugome.

Redovni rad koristio je i keruši. Možemo li reći da je to bi rad? Bezuslovno možemo, mada je taj rad bio u neku ruku sizifovski, različit od lova, uspešnog ili bezuspešnog, na zečeve ili pacove, koji je bio i rad i zabava u isti mah, kao u vreme pre praroditeljskog greha. Po našem mišljenju, idejni svet životinja ne pravi razliku između ova dva pojma, čije se davnašnje jedinstvo razdvojilo tek pod teškom rukom čoveka; gledajući tako, lov na zečeve bio je sa stanovišta Niki rad pretvoren u zabavu, a hvatanje kamenica — uprkos svem škakljivom, gustom zadovoljstvu koje je pružalo — zabava pretvorena u rad. Zabava koja se, kao ranije loptanje, polako pretvarala u fiks-ideju. Keruša je kamenicu unosila i u stan, htela je i tamo da nastavi s radom. Svuda po sobi ležale su kamenice, i žena ih je uzalud iznosila prilikom spremanja, sutradan bi se opet spotakla o jednu koju je Niki sakrila pod ćilim ili izvukla iz nekog skrovišta što ga je samo ona poznavala. Postavivši se na stražnje noge kao da hvata miša koji se sakrio, naciljala bi prednjim šapama kamičak, bacila se na njega, uhvatila ga zubima i trijumfalno stavila pred noge inženjerove žene. U svojoj lovačkoj strasti beše toliko izgubila zdravo rasuđivanje da je jednom, kada se žena odmarala na otomanu, kamenicu dovukla pred njene cipele izuvene na drugom kraju sobe, i mašući živo repom, s očima sjajnim od sreće, spremna na skok, čučnula u očekivanju da će cipela caknuti kamenicu.

Raspoloženje javnosti bilo je u to doba prilično teško. Sustanar Andraš Paći, taj radnik maloga rasta s naočarima, koji je smatrao da plan treba ostvariti pa čak i premašiti, imao je u dane dvonedeljnih isplata muke da smiri svoju ženu, a i sopstvene sumnje koje bi se rodile tokom svađa. U jednom trenutku naročitog ogorčenja odao je čak i gospođi Anča da plan doduše jeste dobra stvar, ali "„nije skrojen na našu kožu". Badava se ljudi satiru radeći, ne mogu da zarade onoliko koliko je potrebno za izdržavanje silnih nadleštava i automobila sa spuštenim zavesama. „Mnogo tupaže, malo njupaže" — ponavljao je svoju omiljenu uzrečicu, kojom je na jednom proširenom savetovanju fabričkog aktiva izazvao burno, ali razume se i brzo potisnuto dopadanje. Paći se posle jedne isplate vratio kući mrtav pijan. Keruša, koja sustanara za sve vreme njihovog već dosta dugog prijateljstva nikad nije videla pijanog, zatražila je, kao uvek kada bi čula zveku ključeva, da bude puštena u predsoblje, i pojurila pred njega sa svojim poznatim razdraganim skokovima. U sledećem momentu inženjerova žena čula je iz predsoblja otegnut bolan urlik, za kojim je sledio tup tresak a onda tiho cviljenje.

Sutradan se Paći doduše silno stideo, pa je u nekoliko mahova i pokušao da se u predsoblju sretne sa inženjerovom ženom, svakako u nameri da joj promrmlja reč-dve izvinjenja, ali je ona susret izbegla, a i sledećih dana povlačila se ispred Paćijevih. Čovek ju je najzad posebno posetio i, gurkajući naočare tamo-amo po nosu, zamolio za oproštenje; docnije se za njega zauzela i njegova žena, izjavivši da ga ni jednom nije videla pijanog za deset godina, a da se ni sada nije naljoskao od veselja nego zato što je određen za agitatora za III narodni zajam mira, sa zadatkom da narod ubeđuje u povećanje životnog standarda. Inženjerova žena pokaza razumevanja za njegovo ogorčenje, ali se stara prisna veza među njima više nije uspostavila. Niki, sa svojim ženskim srcem punim nežnosti i praštanja, beše već sutradan spremna da pojuri u predsoblje pred Paćija, ali je gospodarica ne pusti. Opekotina je bila toliko bolna da su joj pri najmanjem dodiru suze navirale na oči.

Otkako se bila sprijateljila sa mehaničarevom porodicom, Niki je svako popodne — kao da beše sasvim zaboravila starog gospodara — očekivala dolazak sustanara. Noću nije pazila na kućno zvonce; ako je znala da je Paći kod kuće, povlačila se već u prvi sumrak na svoj ležaj i posle nekoliko minuta tonula u san. Možda se Ančina žena i zbog toga ljutila na Paćijeve više nego što su to zasluživali. Keruša više nije mislila na njenog muža. Da li ga je potpuno zaboravila, to naravno ne možemo znati, i ne mislimo da se odreknemo pretpostavke da ju je zveckanje Paćijevih ključeva u popodnevnim časovima podsećalo baš na slični zvuk koji je pratio noćni dolazak gospodarev. Stoji to da je promet u stepeništu sada osluškivala, sedeći tik za vratima, samo popodne između pet i šest časova, a da je sasvim prestala s noćnim dežurstvima jer Paći uveče nikad nije izostajao. Istina, bivalo je i sad da se usred noći prene i, skočivši sa ležaja, krene ka vratima, ali je najčešće zastajala već na pola puta, okretala se i vraćala u svoj ugao. Uostalom, kako bi, kojim jezikom i na koji način mogla ženi saopštiti da još uvek očekuje da će se inženjer vratiti?... Ili bi žena želela da joj je srce prepuklo u grudima? I njeno sopstveno beše samo napuklo. Ljudska je osobina očekivati od drugog više nego od sebe, pa tako čak i nežne i blage ženske duše postaju neumerene u ljubavnoj sebičnosti. A dešava se čak i veoma iskusnim i upućenim državnicima da od naroda zahtevaju stvari koje sami ne bi rado prihvatili, na primer da žive u zajedničkim stanovima, da se zadovljavaju poparom za ručak i večeru, da na posao putuju tramvajem, da budu moralno čisti i da umiru mučeničkom smrću. I Ančinu ženu bi, u dubini njenog srca i u njenim najtajnijim nagonima, zadovoljilo tek to da je Niki posle gazdinog nestanka presvisnula.

Pa ipak, kada je došla kući posle prve posete mužu u istražnom zatvoru, ona je svoje osećanje izlila na keruš. Plakala je i uzela je na krilo. Niki je retko viđala ženu da plače, pa se uzbuđenje ove ubrzo pretočilo u njene osetljive nerve. Premeštala joj se na krilu tamo-amo, a konačno je i sama počela da skiči i da svoju hladnu crnu njušku šaljivo gurka pod nos gospodarice. Imala je jedan svoj pokret kojim se služila kada je želela da opravda neku pogrešku ili da potkrepi molbu: povukla bi gornju usnu malo naviše, tako da su joj se videle desni kao da se nacerila, a onda bi, poskakujući, nastojala da dosegne ženino lice svojim bleštavim zubima i ružičastim jezikom. I sad je posle izvesnog vremena, na prizor ženinih suza, ljubazno iskezila zube, zatim joj se uspravila na krilu, i pošto je žena pokrila lice šakama, liznula joj uzbuđeno potiljak svojim toplim jezikom.

Jedna zolja ulete kroz prozor. Keruša se sunčala u ripsanoj naslonjači boje duvana.

Kroz prozor se videlo Dvorsko brdo sa oštećenim tornjem crkve kralja Matije, kao kakva fotografija gurnuta u pozdinu. Činilo se da je zolja doletela pravo sa maloga tornja, kao jedan od sićušnih crkvenih ukrasa koji je oživeo. Keruša je njenu krivudavu putanju pratila samo okom. Kada bi joj laki vetar zoljinog leta dotakao dlaku, uspravljala je uši.

Bilo je toplo. S vremena na vreme digao bi se neznatan vetar, da u stan ubaci malo mirisa vode sa Dunava koji je bleštao ispod prozora. Osećao se miris smole sa trotoara koji se topio na suncu i pokatkad miris benzina automobilskog saobraćaja koji je zunzarao pod prozorom. U sobi, na razapetom konopcu, sušilo se sveže oprano rublje, kao još jedna vesela replika mirisu vode sa osunčanog Dunava.

Dole na Trgu Marije Jasai proleće je buktalo tolikom snagom da je često pucanje pupoljaka skoro zaglušivalo zvonjavu tramvaja Dvojke i udaljeno trubljenje automobila sa Bulevara svetog Stevana. U sobu se prikradao i miris lisnog hlorofila a zajedno sa njim škripanje šljunka ispod nogu prolaznika. S vremena na vreme, kroz prozor bi prodrla i daleka jeka psećeg laveža. Niki se ne bi pomakla, samo bi crni nosić skrenula na suncu levo ili desno, prema pravcu iz kojeg je glas dolepršao.

Obratimo pažnju: sada je sela i široko zevnula, od zadovoljstva je čak i oči sklopila. Čeljust joj se u tom trenutku toliko razjapila da se od njuške gotovo ništa ne vidi; pravo je to životinjsko zevanje, praćeno visokim *a* naslade, od koga joj je cela glava zadrhtala a oči joj se skoro napunile suzama. Zolja joj bruji baš iznad glave; kad je završila sa zevanjem, opet je zinula i brzo škljocnula zubima kao da će je uhvatiti, pri čemu je naravno dobro pripazila da je ne stigne, budući da među svojim uspomenama čuva i jedan ubod zolje koji nipošto ne bi želela da obnovi. Buba je zujeći odletela, Niki je dvatriput trepnula za njom, a onda zadovoljno ponovo legla u naslonjaču. Njeno belo krzno je toliko vrelo od sunca da samo što ne baca varnice.

U redovima koji slede opisujemo jedan lep dan keruše i njene gospodarice, jedini njihov lepi dan u nizu ranijih i docnijih mučnih teških dana koji se od svojih mračnih drugova izdvojio kao što neka nasmešena lepa devojka, pošto je ozdravila, iziđe iz bolničke sobe, između smradnih kreveta samrtnika. Uspomena na taj dan hraniće ih dugo obe — izgleda i kerušu. Njegovu svežu ljupkost nije ništa pomutilo, čak ni ubod zolje koji pri kraju dana ipak nije mimoišao Niki. Ali nemojmo trčati pred događaje.

Bila je nedelja, a taj dan, kao što znamo, čak i u najturobnije gradove unese neki naivan praznični ton i čistotu. Čak i onaj koji se svih šest radnih dana odmarao pa ne zna šta da počne sa tim sedmim, postane veseliji. A radni čovek oblači čisto odelo, domaćica priprema praznični ručak, dok mladež juri — tramvajima ili motociklima ili čamcima — u večno mlado, mada staromodno naručje prirode. U lep sunčan prolećni dan čak se i starac uspravlja na uzglavlju svoje patnje, da se seti davne mladosti: čaše penušavog piva koju je ispijao u velikoj restoraciji Hivešvelđa, sa svojom mladom zarumenjenom verenicom koja ga je držala ispod ruke.

U smislu ranijeg sporazuma, po inženjerovu ženu i njenu kerušu stigao je u deset sati pre podne Vince Jeđeš-Molnar, na motociklu s prikolicom marke Čepel; krenuli su na izlet u Čobanac, gde je žena — kao što znamo — pre mnogo godina provela jedno srećno proleće i leto sa svojim mužem koji je tada još bio na slobodi. No, Jeđeš-Molnar je sobom doneo i jedno drugo iznenađenje, o kojem takođe beše prethodno nagovestio reč-dve: dozvolu za posetu Istražnom zatvoru za kraj nedelje. Otkad ih behu rastavili, žena je inženjera videla samo jedanput, pa je sada nada na skoro, ma koliko kratko ponovno viđenje, a možda još više saznanje da joj je muž u životu, izgladio njeno čelo na kojem su se već hvatale bore a koje je u Čobancu još bilo glatko i mladalačko, obojilo blagim rumenilom njene obraze, zagrejane i hemijskom snagom sunca, podmladio joj glas koji inače počinjaše da gubi jedrinu i zvonkost. Čak i isparenje njenoga tela bilo se od danas do sutra toliko osetno izmenilo, osvežilo, da je to privuklo i kerušinu pažnju. U bliskosti ove zajednice, po zakonu spojenih sudova, i raspoloženje Niki odmah se podiglo iznad uobičajenog proseka.

Truckanje otvorene prikolice takođe je podbadalo njihovo veselo raspoloženje, mada se Niki na početku putovanja prilično zabrinuto osvrtala prema svetu koji su jureći napuštali. U prvim minutima morali su je držati da ne bi skočila iz zahuktane naprave, ali dok su stigli do Staljinovog mosta, ona već beše legla na gospodaričino krilo, a kod Akvinkuma je već spavala. U Budakalasu se međutim probudila od laveža seoskih pasa, a kad su kod Pomaza skrenuli na drum za Čobanac, ponovo je sela, njušeći uzbuđeno. Verovatno beše poznala miris piliških šuma.

Zamislimo sada duševno stanje gospođe Anče u trenutku kada je preko uskog drvenog mosta zakoračila u baštu, prema onoj maloj dvosobnoj kući u kojoj je srećno proživela skoro godinu dana sa svojim mužem. Ako smo sposobni da u svome osećanju približno reprodukujemo to duševno stanje koje je, hraneći se istovremeno iz prošlosti i budućnosti, iz života i smrti, u trajanju jednog trenutka svojim vihorom zavitlao krhotine hiljada uspomena i svetli veo jedne jedine nade, i ako dobro razmotrimo to stanje duše jednog ljudskog bića, onda ćemo uglavnom moći da zamislimo šta je osećala keruša pred prizorom svoga rodnog mesta, u kojem je provela prvo srećno razdoblje života. Naravno, odbivši ono što se mora! Jer čak i ako pretpostavimo da je Niki sa svojim slabim umnim oruđem mogla da uporedi prošlost sa sadašnjošću, šta je ona znala o budućnosti? Otkud je mogla išta znati ma i o tom šta će se sa njom sutra dogoditi? Doduše, šta i mi ljudi o tome znamo, u ova zamršena vremena? Nešto više od pasa u svakom slučaju, i utoliko je mera kojom živimo duža i napred i nazad od njihove. Inženjerova žena je, na primer, predviđala da će se uveče po svoj prilici vratiti u svoj dom na Trgu Marije Jasai — bivšem Trgu prestolonaslednika Rudolfa — dok keruša to nije mogla znati. Ona je mogla verovati i da će odsad pa doveka ostati u Čobancu. U svojoj potpunoj zavisnosti od čoveka, Niki je bila slična onim robijašima koji ne znaju zašto su ih stavili iza katanca i dokle će ih tamo zadržati, ili na one direktore preduzeća koji u trenutku naimenovanja i ne slute dokle će ostati na čelu preduzeća, ili na one nameštenike robnih kuća koji pojma nemaju zašto su ih preko noći premestili u drugu filijalu na drugom kraju grada, na sat i po vožnje tramvajem od njihovog stana, ili na pisce koji ne znaju zašto pišu, ili na one čitaoce koji ne znaju zašto to čitaju. Zavisnost je podnošljiva samo u uzajamnoj ljubavi a nje je, u slučaju Niki, bilo u izobilju na obe strane. Šta bi međutim bilo... Ali ostavimo!... Najzad, pišemo ovde o jednom lepom danu.

Ako, dakle, zamislimo dušu keruše, koja u svom nesigurnom i mutnom agregatnom stanju dopušta čak i svetlu mogućnost da će se odsad i zauvek ostati u Čobancu, onda ćemo gotovo moći da predstavimo i telesni izraz njene sreće. Rep, tu malu lepršavu zastavu, nije ni na trenutak spuštala. Ne odvajajući njušku od zemlje, jurila je bez prestanka tamo-amo po bašti obasjanoj suncem, vraćajući se svaki čas jednom dobro poznatom bokoru jorgovana, ili podnožju velikog oraha, ili spoljnim stepenicama koje su pre mnogo godina njeni prvi seoski udvarači u svojim uskršnjim raspoloženjima tako obilato polivali. Ponekad, usred trka, bez ikakvog vidljivog razloga, na oprugama svoga zadovoljstva, skočila bi sa sve četiri noge odjednom koso uvis, poput jarca, kevćući tiho kao neko ko ne može da savlada navalu smeha. U svom neobuzdanom veselju zagazila je čak i u uzane cvetne leje koje su oivičavale travnjak i koje su u svoje vreme stajale pod strogom zabranom. Zatim je nestašno i bez griže savesti zašla u povrtnjak zaštićen visokom ogradom od pruća i, okrenuvši svoju nedužnu belu njuškicu prema gospodarici, čučnula da obavi nuždu.

Odavala je utisak stvorenja koje je od silne sreće odlučilo da sebi oprosti sve grehe. Pošto su utroje razgledali baštu, pođoše u šetnju, keruša na čelu, za njom gospodarka i Jeđeš-Molnar. Ovaj beše ponudio ruku ženi, koju je neobični dodir sa slobodnim vazduhom, ali možda još više kovitlanje uspomena zanelo i učinilo malo nesigurnom na nogama. Sunce je sijalo usrdnom prolećnom snagom, drveće i žbunje podmetalo mu je s optimizmom svoje svetlo zeleno sveže lišće, koje je, poput hiljade malih ogledala, njegovu svetlost rasipalo nad vlažnom zemljom. I vazduh je blistao, kao da je neko u njega sasuo pun kabao sjaja.

Prva je iz bašte istrčala keruša. Nije sačekala ni kapija da se otvori; čim je videla pripremu za polazak, potrčala je pravo udubljenju pod ogradom i radosno se provukla kroz njega. Godine je nisu učinile debljom; istina, te godine i ne behu plodne. Na uzanom drvenom mostu, pod kojim je sada u jarku, usled prolećnih kiša, potočić, inače tako vitak, tekao nabrekao od vode — na tom mostu još uvek ne behu zamenili jednu trulu, napuklu dasku, i keruša je odmah pojurila dobro poznatom otvoru, da, kao ranije, za trenutak proturi njušku. Obe padine jarko behu obrasle koprivom, čije je nežno lišće u svoje vreme hranilo pačiće njihove gazdarice; keruša se i ovde zadržala, sišavši u strmi gustiš, iz kojeg joj se uskoro video samo nemirni beli repić.

Znamo da su psi, pogotovo ženke, radoznale prirode. Tog toplog prolećnog nedeljnog dana, radoznalost Niki beše upravljena, kako se činilo, najviše prema prošlosti, koju kao da je od žbuna do žbuna, od bandere do bandere, od travke do travke ispitivala o tome šta se izmenilo, ili bolje rečeno, šta je ostalo od vremena kada je ovde bila poslednji put. Jeđeš-Molnar, koji joj je sledio komotnim korakom, podržavajući malo već bolešljivu ženu, nije mogao, prirodno, znati zašto životinja juri čas amo čas tamo, šta tako uzrujano istražuje, zaustavljajući se skoro na svakom koraku, zatrčavajući se ponovo, pa se onda opet vraćajući — ali je zato žena razumela svaki njen pokret. Kada su preko drvenog mosta stigli na cestu za Pomaz, keruša je bez dvoumljenja krenula levo i s očitom žurbom, kasajući, prošla duž nanizanih vila; posle dvadeset-trideset koraka, međutim, naglo je zakočila, jedno vreme ostala da stoji neodlučno na sredini druma obasjanog suncem, a onda se okrenula i podvijena repa polako se vratila gospodarici. Bilo je jasno da je htela da potraži prvoga gospodara, penzionisanog pukovnika, ono mesto gde se prvi put u životu oštenila i gde je prvi put dojila, a da ju je zaustavila neka daleka tamna uspomena, uspomena čiji je predmet ona već bila i zaboravila, pa je u njoj, u njenim moždanim vijugama i srcu, iskrsao samo onaj mutni strah koji ga je pratio. Vratila se kao ošurena.

Jeđeš-Molnaru naravno nije bilo jasno ni to zašto je ženi ruka zadrhtala kada su stigli do autobuske stanice za Pomaz i kada je Niki pretrčala na drugu stranu ceste gde je stajala signalna tabla, pa njušeći uzrujano razgledala direk i ugaženu travu oko njega. Tu je provela dobrih nekoliko minuta, i žena, koja je u međuvremenu bila nastavila put oslanjajući se na ruku prijatelja, zasta posle izvesnog vremena, očito da bi sačekala kerušu. Koračajući dalje u pravcu sela, prođoše ispred jedne bašte iza čije su ograde, na jednakoj razdaljini jedna od druge, stajale tri ogromne holandske topole. Behu to lepa stara drveta, džinovi čije se glave kupahu u sunčevom sjaju, tri drevna pouzdana poljara prirode koji su čuvali malu seosku kuću što se bila šćućurila iza njih, vidljiva samo bleskom svojih majušnih prozora koji provirivahu među bokorima jasmina i spireje u živoj ogradi. Žena se još uvek sećala uživanja sa kojim je prilikom svog prvog boravka ovde posmatrala stara drveta; kada bi dunuo vetar, njihovo sitno lišće lepršalo se oko trupova poput stotine hiljada leptirova, stvarajući u posmatrača prijatnu predstavu muževnosti i lebdenja. No, zbog čega se keruša zaustavila pod njima, i zašto je zatim navalila na prastara stabla lajući besno, kao da se sprema da ih osvoji u jurišu? Ženi je trebalo nekoliko minuta dok se setila one davne julske noći pune mesečine kada je inženjer pošao pod ove topole naoružan pozajmljenom vazdušnom puškom, u lov na sove; na jednom drvetu bila se nastanila porodica sova koja je noću svojim kricima dizala na noge stanovnike okolnih kuća. Niki je sada, lajući na lisnate krošnje topola, pozdravljala nezaboravnu uspomenu na taj šaljivi lov. Ali porodica sova se verovatno odselila sa topola, možda je i izumrla. Keruša je onjušila i treće drvo, zatim pogledala u gospodaricu, čije se oči behu neprimetno napunile suzama, a onda je veselo potrčala dalje, mašući repom.

Bio je to lep dan, pun radosnih uspomena, Iza dvorišta sa trima topolama, od ceste na desno, odvaja se pešačka staza; ovde vodi preko jarka, koji smo jednom već prešli, još jedan uzan mostić kojim možemo da se vratimo na suprotnu stranu. Obala jarka je tamo ravnija, korito mu je šire pa čak i za vrelih letnjih dana sačuva malo vode, u kojoj po jedno manje ili veće jato gusaka ili pataka vežba svoje plovne kožice i spretne kljunove. Kad god bi je put ovamo naneo, Niki se već sa ove, strmije obale bacala u vodu, stvarajući smešnu uzbunu među kupačicama, koje bi se, kao da je među njih, u nevinom belom obličju Niki, došao sam nečastivi, pred kerušom željnom samo miroljubivog kupanja raspršile na onoliko strana koliko bi ih bilo na broju, lupajući silovito krilima, šičući i gačući u samrtnom strahu; odjeci njihovog beskonačnog negodovanja čuli bi se još dugo gore na vrhu brega, do koga pešačka staza stiže sa nekoliko šaljivo smelih zaokreta za šest ili osam minuta.

Odavde sa vrha vidi se već celo selo, čiji se trup pruža dole u dolini uporedo sa cestom, pa onda ispruža u pravom uglu jednu užu granu u pravcu fudbalskog igrališta na ivici naselja; iza njega nalazi se samo još nekoliko čatrlja ciganskog naselja. Čisto, lepo selo okruženo je sa svih strana brdima; sa strane prema Pomazu, neposredno iza naselja vila diže se strmi Osolj, dok se na suprotnoj strani dižu pitomije uzvišice, koje turistu, kao s ruke na ruku, prenesu sve do Nađkevelja. Pešačka staza takođe sledi dva pravca prostiranja sela; tamo gde zavija prema fudbalskom igralištu, stoji jedno staro raspeće isprano od mnogih kiša. U vreme kada je inženjer još imao volje za šetnje, Ančini bi nedeljom najčešće izabrali ovaj put. Staza isprva vodi uz sam rub brežuljka, pa se sa nje može gledati pravo u suncem obasjane odžake kuća koje stoje u dolini, a iza njih u kljunove pilića što kljucaju po povrtnjacima; docnije, teren staze se širi. S leve strane, njegovim rubom pružaju se polja žita i ječma, s desne strane jedna neplodna, kamenita, žbunjem načičkana visoravan, na čijoj se kresti prostire niska bagremova šuma. Leti, u šarenim časovima sutona, kada više ni izletnika nema, pa se u purpurnoj tišini čuje, s vremena na vreme, samo pospano pijukanje ptica, čovek se ovde lakše miri sa svetom.

Ali sada je sunce sijalo punom snagom, pa su se i mlade šume po padinama rasvetlile kao da je neko među njihovim debelim stablima zapalio svetiljku ogromne jačine. Ovde-onde među gustim drvećem otvarao se poneki proplanak, i pokazivao svoje draži, u zdravom i snažnom sjaju sunca, sa toliko ljupke uverljivosti, da se već odozdo iz doline čoveku činilo da vidi u mekoj travi bele lampice visibaba i tu i tamo zvezdice jagorčevine sa njihovim repom kao u komete. Ovde dole duž staze — pošto padina brega pokazuje prema severu — cveće je još jedva bilo cvetalo, ali Niki i ne beše zainteresovana za floru. Kao svaki pošten pas, ona se grozila cveća. Njeno telo, nos, dušu, privlačio je opšti prolećni miris zemlje, čitavo to silovito isparavanje novorođenog života, koje je u sebi, razume se, sadržavalo i cvetni miris što se blago izdvajao iz mirisa truljenja, kao što je i nedeljna tišina koja se širila nad bregom u sebi zapremala daleku zvonjavu sa crkvenog tornja, brbljanje žena koje se vraćahu sa službe, povremene urlike krčuna, čarlijanje vetra, brujanje jedne zolje i neprekidno glasno zapomaganje gusaka i pataka u kojem se ime keruše spominjalo s prestravljenim prizvukom molitve. S pomalo naivnim, ali nužnim uopštavanjem mogli bismo reći da ju je privlačio život.

Što su dalje napredovali puteljkom, izgledala je sve uzrujanija i veselija. Bez i jednog trenutka zastanka, jurila je neprekidno tamo-amo s jedne i s druge strane staze, jednako se osvrćući prema gospodarici kao da želi da je obavesti o svakom otkriću i da je ujedno uveri kako ni u svojoj neopisivoj sreći nije na nju zaboravila. Posetila je posebno svaki žbun, svaki grm i svaku stenu, a kada bi u svom krivudavom trku nešto izostavila, vraćala se čak iz daleka da tom nečem pruži dokaza o svojoj trajnoj privrženosti i zanimanju. Dok je trčala, stalno je, protivno običaju, davala od sebe neke glasove, čas lavež, čas mrmljanje, čas kevtanje, a čas bi zarežala na vetar koji joj je zviždao u ušima. Kada je otkrila prvi krtičnjak, Jeđeš-Molnar i žena koja se oslanjala na njegovu ruku moradoše da se zaustave i da je sačekaju: za tili čas, iz trave joj se video samo beli repić, kako mrda tamo-amo. Kada se opet pojavila na površini, njuška joj je bila sva umrljana zemljom, a ipak možemo to reći bez preterivanja — blistava od sreće. Nije se ni otresla, nije za to imala vremena, nego je odmah nastavila jurnjavu, okrećući s vremena na vreme umrljanu njuškicu prema gospodarici, pa je onda opet trzajući nazad da ne bi propustila poruku jedne pčele koja joj je zujala pred nosom. Kada bi je put naneo u kakvo mlado žito, iz čijih se zelenih talasa videlo samo belo plivanje njenih leđa, lanula bi dva-tri puta onima natrag radi umirenja, pa bi se najdocnije posle hiljadu skokova ponovo stvorila pred ženinim nogama, da pokaže svoje razbarušeno krzno i vlažan jezik ispružen celom dužinom iz nasmejane gubice. Ali hop, već u sledećem trenutku odletela bi ponovo pod vetrom.

Moramo priznati da se u njenom krstarenju nije nazirao nikakav sistem, nikakav plan. Nije tražila poljske miševe, nije lovila zečeve, a znamo da je i traganje za krticom brzo napustila, tek što beše okusila njen baršunasti miris. Sve je pogledala, odnosno pomirisala, a onda odmah odskakutala za sledećom uspomenom. Žena je imala utisak da Niki slavi sjajnu i velelepnu svečanost ponovnog viđenja i da želi da i ona uzme učešća u njenim radostima, svakako iz zahvalnosti za priliku i mogućnost koju joj je za to pružila. Ponašala se kao dete koje usred najuzbudljivijih i najradosnijih otkrića na svetu — koja su ujedno spoznaje — svaki čas trči cičući svojoj materi, da je u svom likujućem oduševljenju trgne za suknju. Išla je žurno od jednog žbuna do drugog, od kamena do kamena, od vodojaže do jarka, od krtičnjaka do lepinje kravlje balege, od nekog skrivenog poljskog cveta do jednog lopuhovog lista s gorkim mirisom: samo uzimala na znanje da postoje — da još uvek postoje, hvala bogu — i već je jurila dalje, odgađajući nastavak razgovora za sutradan. Nije u njoj bilo ni daška sumnje u to da će moći da ga nastavi sutradan, preksutradan, naksutradan, to jest večito. Živela je u sadašnjosti koja se pružala bez granica iz prošlosti u budućnost. I da bi mogla da prođe to ogromno prostranstvo što se i napred i nazad stalno povećavalo, njene šape su morale obaviti veći rad za dva sata nego u Pešti za dve godine.

Istina, u tom neprekidnom oduševljenom skakutanju došlo je i do jednog naglog zastoja, koji je mogao da opazi samo pogled gospodarice, okrenut prošlosti. Bilo je već oko podne, sunce stajaše okomito nad brežuljkom. Slušajući pažljivo, čovek je mogao da čuje sa svih strana brujanje zvona, koje kao da je dopiralo ispod krila neke pčele i gubilo se, lebdeći zajedno sa njom, iz slušnog kruga. Vetar, koji ovde na vrhu ni časka nije mirovao, sad kao da beše zastao, pa je podrhtavao samo jedan jedini list na žbunu rakite, pod poslednjim nežnim zamahom krila koje je vetar ovde zaboravio. Daleko u dolini na fudbalskom igralištu mladići u crvenim majicama šutirali su nečujno loptu, a nedaleko od igrališta u travi lajao je neki mali šareni pas, ali mu je glas bio čujan samo koliko čoveku sopstveno disanje. I u tu svečanu tišinu, koja kao da beše bestelesni odraz svih lepih tišina na svetu, odjednom zapucketa jedna grana.

Činilo se da je šum nastao iza samih leđa inženjerove žene. Ona se nehotice osvrnu. Na oko pedeset-šezdeset koraka od pešačke staze, ispod jednog grma čija se grana neočekivano zanjihala, sedeo je na svojim stražnjim nogama zec, i dignute glave glasno glodao ispupelo lišće. U jakom podnevnom sjaju sunca koje je prosvetljavalo treperavi vazduh, jasno su se razabirale njegove malo izbuljene, velike i glupe, kao kratkovide crne oči, tamne nozdrve u neprekidnom pokretu i nad debelom gornjom usnom dugi brkovi napereni u suprotnim pravcima. Kako je sedeo, trbuh svetlije boje bio mu se ispupčio, pa se videlo da je u pitanju sudružna ženka.

Keruša je okrenula glavu u istom trenutku kad i gospodarica, verovatno takođe na pucketanje grane. Mada je, kao što znamo, videla loše, momentano je poznala zečicu, koja nalazeći se uz vetar, nije ništa slutila, nego je mirno nastavila da kida mlado lišće sa grane. Telo Niki se ukrutilo, ni dlaka se na njemu nije pomakla. Izgledala je kao sopstveni izvajani lik u boji. Onda je digla jednu prednju šapu, mrdnula nozdrvama. U sledećem trenutku pas i zec nestadoše zajedno u šipragu iznad staze.

Nazvali smo to što se sa kerušom desilo naglim zastojem, ali smo mogli jednostavnije reći da je u pitanju bio poraz. Setimo se prvog lova na zeca koji smo opisali na početku ove biografije. Između tadašnje i sadašnje avanture razlika je prividno samo količinska; keruša se tada gospodaru vratila posle jednog dobrog sata, a sada posle petnaest minuta. Naravno i ovog puta bez rezultata i isto onako raščupana, s jezikom pruženim do zemlje i s istom onakvom postiđenom blesavom njuškom kao u prvoj prilici. Ali sada, čim se vratila gospodarici — ponavljamo, već posle petnaest ili deset minuta — bacila se svom dužinom na prašnjavi put, ispružila sve četiri noge, i zadahtala gledajući pred sebe nepokretno. Slabine su joj se dizale i spuštale kao viganj, noge su joj drhtale, jezik se obesio u prašinu. Između jednog i drugog lova prošlo je bilo svega pet godina, ali Niki za to vreme kao da je ostarila za pedeset.

Može biti da je samo inženjerova žena protumačila njen prevremeni umor kao poraz, a da se sama keruša zadovoljila da ga bez daljih komplikovanih zaključaka oseti prosto kao umor. Činjenica je da dugo nije htela da se digne iz svog ležećeg položaja, a kada je najzad pomučno ustala na noge, vukla se za ženom obešena repa, opuštenih ušiju, i zastajući s vremena na vreme, opet se bacila na put. Žena ju je neko vreme posmatrala, pa se onda okrenula i pošla nazad u pravcu bivšega stana. Posle kratkog vremena ona upita Jeđeš-Molnara da li je mnogo ostarila za proteklih pet godina. Ovaj naže napred svoju masivnu glavu, odmeri je kao da procenjuje konja, pa nabra čelo.

— Da — odvrati na svoj nepodnošljivo maloreki način, koji podsećaše na predavače fabričkih aktiva, i sledeći u nazad njihovu liniju, čak na Demostena.

Psi ne umejuu da se pretvarajù — i po tom, kao što znamo, liče na ljude — jer ih smesta oda rep, obeležavajući svaki treptaj njihove duše. Idući kući, Niki je svoj zdepasti beli rep još dugo držala vertikalno obešen ka zemlji, a tek pri kraju puta, kada su opet bili stigli do iznad sela, izašla je sa začelja na čelo, pred noge gospodarici, dižući svaki čas rep, pa onda čak i mašući s vremena na vreme ovim osećajnim barjakom svoje stražnjice. Stigavši na pačije pojilo, opet se okupala; dugo i tako istrajno lokala da se činilo da će popiti svu vodu potoka ispod nogu indignirane živine. Posle toga se vidljivo osvežila, došla sebi, pa je na preostatku puta do kuće povijala dve mačke i u tri baštenske kapije gurnula svoj radoznali ženski nos.

Uveče je osećanje poraza, ako ga je uopšte i bilo, nestalo bez traga iz kerušine duše. Kao što brzi oblak, gonjen vetrom, za časak pomrači nebo i pokrije sunce, ali se svet, čim on prođe, odmah rasvetli, tako je i keruša sa prestankom umora počela opet da blista u neokrnjenom raspoloženju. Nad Čobancem se u sumrak prosuo prolećni pljusak, zagasio prašinu, poškropio lišće, zasadio puteve baricama našmejana odraza. Opori, duboki miris zemlje posle kiše zapahnuo je tako snažno celu okolinu da se inženjerova žena jedva mogla odlučiti za povratak kući. Sunce na zalasku posle oluje obojilo je nebo krvavim rumenilom, paleći kroz pukotine oblaka crvenim pregrštima svetlosti blage oproštajne vatre po brdima Piliša, koje bi za po koji minut planule pa se odmah zatim ugasile. Iza vrha Nađkevelj svod je bio purpuran i iskidan kao bojno polje kod Voronježa.

U prikolici motora Niki je odmah zaspala. Mrtva umorna, spavala je nepokretno i blaženo na krilu gospodarice, s jednim uhom zgužvanim pod glavu i drugim naivno prostrtim na ženinom kolenu. Katkad je u snu glasno dahtala, ali se ni u Budakalasu nije probudila od laveža pasa koji su pojurili za motorom. Kada su stigli na Trg Marije

Jasai, bivši Trg prestolonaslednika Rudolfa, odmah je iskočila iz korpe, krupno zevnula, pa utrčala pravo u kapiju.

Žena je još u Čobancu donela odluku da će je na proleće spariti. Kada je već lišava svega ostalog što njena priroda zahteva, ne sme joj uskratiti pravo na materinstvo. Nadala se da će joj štenad vratiti mladost koju je tako rano istrošila.

Ali do toga više nije došlo, jer uskoro posle izleta u Čobanac keruša se razbolela. Jedne večeri na keju, usred igre, prestala je neočekivano da trči za kamenom, kao da joj je to odjednom dosadilo. Zaustavila se na pola puta ka bačenom oblutku, stala, jedno vreme gledala pred sebe neodlučno, pa se onda opuštena repa bezvojno vratila gospodarici. Kada su malo potom stigle do bačenog kamena, ona ga je doduše potražila, pa ga onjušila, uzela među zube, ali ga je naskoro ispustila iz gubice kao da joj ne prija i vratila se polako ženi. Već te večeri nije uzela hranu, a kad je pao mrak, zavukla se iza koša, u najmračniji kutak sobe.

Žena ju je uzela na krilo i pregledala joj šape i nokte, da se uveri da ih nije povredila nekom staklenom krhotinom dok je trčala. Znala je da je Niki maza i kukavica, koja se namrtvo vređa zbog najmanje telesne povrede, pa joj žalbe ne treba uzimati ozbiljno. Sećala se da je keruša posle jednog ujeda zolje bila beskrajno nesrećna kao da joj je insekt kidisao pravo na život. Jadikujući gorko, bila se odvukla u ćošak sobe, pod jednu stolicu, pa se onda, kao da tolika samoća nije dovoljna za podnošenje ujeda jedne zolje, zavukla pod krevet, umotavajući svoj bol i jad u grobnu tišinu. Prošlo je bilo nekoliko sati dok joj beše uspelo da je izmami, a i tada je iz svog skrovišta domilela nakraj srca kao da za pretrpljenu povredu okrivljuje samu vasionu. Bila je legla na leđa, s izrazom uvređene stare frajle čija su dobročinstva uzvraćena nitkovlucima, povređenu nogu paćenički pružila prema ženi, zaklopila oči; bilo je očito da se jednom zasvagda obračunala sa svetom, raskrstila sa svojim životom.

Ovoga puta međutim na telu nije imala nikakve spoljne povrede. Sledećeg jutra bila je još uvek neraspoložena i nije dotakla hranu. Žena je primetila da često oblizuje gubicu, pa se činilo da je prehlađena. Nekoliko puta se i nakašljala, onim tihim, pitomim, pokornim kašljem kojim skroman čovek skriva a ujedno i pokazuje da je bolestan, a posle svakog iskašljavanja blenula je pred sebe tupo, obešenih ušiju, kao da joj nije jasno šta se to sa njom desilo. Nekoliko puta je i kinula, što je na ženu naročito mučno delovalo, jer je zvučalo tačno kao kijanje čoveka ili još više — nekog jako prehlađenog deteta. Žena je prepolovila tabletu aspirina, rastavila životinji gubicu i gurnula joj mrvicu u grlo. Niki je uvređeno pobegla pod krevet. Ali posle tri dana, uz pomoć još dva aspirina, kašalj joj beše prestao, a nos joj više nije curio.

Prizor bolesne životinje dirljiviji je nego bolesnog čoveka, jer ona ne traži i nerado prima pomoć. Mesto u bolnicu, povlači se sama u sebe da potraži ozdravljenja. Da je keruša bolesna, upravo, da se ovog puta njena bolest ne svodi na nekakav ubod zolje, o tome je ženu obavestilo baš njeno ćutanje. Danima je bila tiha da joj se glasa nije moglo čuti; jednom je Paćijeva žena iz komšiluka zakucala na vrata, da upita nije li se Niki izgubila ili da je nisu odveli iz kuće. Mirovala je na svome ležaju bez glasa, ne obraćajući mnogo pažnje ni na poslepodnevni dolazak sustanara, jedino ako bi na zvuk poznatih koraka digla glavu i bacila trom pogled prema graničnim vratima, pa ponovo klonula na ležaj. Kada bi je žena izjutra i u podne pozvala u šetnju, morala je poziv ponoviti i po nekoliko puta dok se ona ne bi mlitavo i s dosadom digla i drhtureći celim telom pošla vratima.

Ne možemo prećutati da je prizor tolikog prenemaganja ženu ponekad ispunjavao ne malim jedom, pogotovo kada bi pomislila da u današnje vreme i ljudi imaju štošta da podnesu pa ipak svoju muku ne zaodevaju u tako svečane spoljne efekte. Niki je umela da ćuti tako glasno da je od njene nemosti ceo stan odjekivao. Skvrčila bi se toliko da je ispunjavala celu sobu. Nepokretnošću je stalno ukazivala na to koliko pati; bilo je nemoguće ne misliti na nju u pomamnoj tišini sobe. Tih dana kiša je pljuštala bez prekida, niski oblaci zaklanjali su budimske bregove, magla je ponekad pokrivala čak i Margitin most, a kroz gusti vazduh iza zatvorenog prozora jeda se čula buka ulice. Žena je ponekad imala osećanje da udiše vazduh bolničke ili zatvoreničke ćelije. Kada bi pozvala kerušu, a ova joj odgovorila samo očima, pa na ponovljeni poziv u najboljem slučaju samo, jednim, jedva primetnim trzajem, mahnula repom, ali se ni za živu glavu ne bi pokrenula nego tek zadržala svoj neizmenjeno teški ukočeni pogled prikovan za ženino lice — onaj sirovi životinjski pogled patnje, u kojem ne beše ni pitanje, ni prekora ni ljutnje — i kada bi na pokušaje tešenja, na milovanja, odgovorila samo okrećući glavu od žene koja je klečala pred njenim ležajem, okrećući očito i u duši leđa i njoj i svetu iza nje, onda je bivalo da u ovoj bukne tako neobuzdan bes da bi najradije bila kidisala na sebe. Gubeći prisustvo duha, istrošenih živaca, bila je gotovo spremna da se sa kerušom u naručju baci sa prozora ili u Dunav. Jednom je čak i istukla životinju, prvi put u životu, i kada je Niki posle batina, vukući se potrbuške, bez ijednog glaska otpuzala na ležaj i zarila glavu pod jastuk, ženu beše obuzelo toliko očajanje da je odjurila od kuće i vratila se, tek kasno uveče.

Kao što smo spomenuli, Niki se za dva dana oporavila od kijavice, ali je zato očigledno ostala bolesna. Pošto se nikako nije dalo utvrditi šta joj je, žena se jednog dana diže i odvede je na veterinarsku kliniku. Behu krenule peške, ali se keruša uskoro toliko umorila da su se morale ukrcati u tramvaj; žena je korpu srećom bila ponela. Ali pred ulazom klinike, na Putu svetog Stevana, docnijoj Ulici Jenea Landlera, Niki se najedanput uzjogunila, ukočila noge i stala u mestu. Posle ponovljenih molbi najzad je ponovo krenula, ali pošto behu učinili jedva deset ili dvadeset koraka u bašti klinike, opet je stala i nakostrešivši dlaku zategla povodac. Žena ga povuče i ponovo krenu. Ali keruša osta pri svojoj odluci s neuobičajenom tvrdokornošću; okrete se iznenada i svom snagom povuče ženu u suprotnom pravcu. Ogrlica joj se nape oko mršavog vrata i steže grlo; ona glasno zakrklja; ispod nesigurnih nogu koje drhtahu od naprezanja zapršta na sve strane prašina i sitan šljunak.

Strahujući da će se životinja udaviti, žena se sa njom vrati do kapije. Nije bilo lako razumeti taj očajnički strah koji je bez ikakvog vidljivog razloga ovladao celim telom životinje. Svaka dlaka joj se posebno ukrutila, beonjače su joj se zacrvenele i skoro pokrile zenice, dah iz pluća izbijao joj je zviždukom. Kada bi okrenula glavu i pogledom dotakla zgradu klinike, telom joj je prolazio talasast drhtaj, od kojeg bi joj uvis poletela, najpre stražnjica, pa leđa, i najzad glava. Iz svakog delića njenog tela izbijao je užas kao da je iza nekog prozora klinike nanjušila natprirodnu silu.

Pred kapijom žena kleknu na trotoar, položi životinji ruku na srce koje je žestoko kucalo, a zatim joj pomilova glavu. Niki se polako smirivala, mogla ju je uzeti u naručje. Ali kada je sa njom ponovo ušla na kapiju i krenula prema grupi zgrada s fasadom od crvene opeke, Niki se odjednom, kao da ju je neki grč bacio uvis, odbi iz njenih ruku i baci bokom na zemlju. Mora da je pala nezgodno i udarila se; ostala je ležeći nekoliko sekundi i tiho je zaskičala.

Sticajem okolnosti, baš u času kada je keruša ležala na zemlji, na kapiju uđe jedna žena u crnini, noseći veliku krletku pokrivenu tamnoplavim platnom. Kratki intermeco koji je zatim sledio kao da ga slučaj beše ubacio u ovu našu priču, učvrsti ženu u njenoj odluci da popusti neobuzdanoj volji keruše te da je više ne sili na lekarski pregled. Zašto se životinja tog pregleda grozi s toliko neobjašnjive žestine i s gotovo poslednjim naporom životne energije, na to pitanje žena razume se ne bi umela odgovoriti, ali ona je, kao većina žena, imala u instinkte više poverenja nego muškarci, a dodajmo da je za jedan mali ženski korak bila čak i bliža nekakvoj oblasti vere koja se hrani iz sujeverja i koja u povremenim naivnim iskrama slučajnosti uvek vidi simbolične svetleće signale... Dosta to da je donela takvu odluku i da je posle nekoliko minuta krenula zajedno s kerušom kući, i sama prilično uzbuđena.

Žena u crnini koja je nosila krletku beše za trenutak zastala pred kerušom koja je skičući ležala na zemlji, pa je na životinju bacila pogled pun sažaljenja. U tom momentu, možda zato što je žena upravo premeštala krletku iz jedne ruke u drugu, tamnoplava platnena navlaka kojom krletka beše pokrivena kliznu u stranu i propusti pogled iza pozlaćene tanke konstrukcije rešetke. Jedan veliki šareni papagaj ljuljao se u krletki, na tankom drvenom koturu koji je bio obešen o njen vrh i u kojem je kljun ptice tu i tamo već bio izdubio uzane brazde. Dno krletke bilo je posuto finim žutim peskom, koji se verovatno od drmanja na putu bio nagomilao po ivicama i ogolio pod metalna sjaja. Sladunjav, truo ptičji miris zastrujao je iza rešetke pod obazrivi nos inženjerove žene koja stajaše u neposrednoj blizini krletke.

Iznenađena svetlošću, ptica se žmirkajući osvrnula oko sebe. Ali tek što beše primetila pod kavezom belu kerušu koja se upravo s mukom dizala sa zemlje, ona dobi sasvim neočekivano žestok napad besa. Sa ljuljaške se jednim skokom stvori na rešetki, i hvatajući se odozdo kandžama a odozgo svojim golemim krivim kljunom za metalne šipke, raširi u svoj njihovoj dužini ogromna krila koja su, blistajući na suncu, dopirala s kraja na kraj velike krletke. Nije bilo jasno zašto je zanemelo, nepomično belo kuče razjarilo papagaja, ali se moglo videti da je ovaj od jarosti skoro pamet izgubio. Kreštao je kao kakva izbezumljena starica, i dok je svojim velikim kukastim nosom, kao savijenim kažiprstom, pokazivao pravo na kerušu, lupao je blistavim krilima u rešetku tolikom snagom da se crveno, plavo i zeleno perje koje je od udarca gubio rasipalo levo-desno iz krletke i svetlucajući poletelo u vazduh.

Otkuda ta mržnja, pitala se inženjerova žena docnije, pošto je zajedno sa Niki, ježeći se i sama od nervoze, umakla kroz kapiju. Cela scena potrajala je minut-dva vremena, ali u svojoj zgusnutosti bila tako stravična da bi ženi pošla jeza niz leđa kad god bi je se kasnije setila. U svojoj besomučnoj histeriji, papagaj je ogromnom snagom lupao u šipčice krletke koje su metalno odzvanjale, lupao tako jako da je bio opravdan strah da će ih slomiti, a pri tom je, neprekidno lupajući krilima, kreštao tako odvratno ljudskim glasom kao da mu iz pernatoga tela, ne većeg od pesnice, progovara nakupljena zloba cele nove epohe. U svojoj klovnovski šarenoj odeći, sa svojim sitnim, podmuklo oštrim očima i kukastim nosom, izgledao je kao kakav cirkuski simbol smrti, koji je sa svojom devizom doletao pravo iz nekog srednjovekovnog prikazanja na veterinarsku kliniku. Tek naknadno, kada je izašla na kapiju, žena je shvatila reči što ih je stara ptica grakćući pljunula u lice Niki, dok je nosom jednako pokazivala na uzdrhtalu kerušu. — Umrla je draga ... umrla je draga, draga, draga! — kreštala je, i nije sa svojom podrugljivom vikom prestala ni kada je žena u crnini već bila sa njom potrčala prema ulazu u ordinaciju, grleći jednom rukom krletku, a držeći u drugoj platnenu navlaku. Ptica i pas behu jedno od drugog udaljeni već najmanje pedeset metara, a papagaj je, ne ispuštajući rešetku iz kandži i kljuna, još uvek držao na oku ženu i psa. Kreštanje mu preseče zatvaranje vrata ordinacije, i to baš u po rečenice!

Tek posle dugog vremena, Niki se kako-tako oporavila od uzbuđenja ovog izleta. U nedostatku dijagnoze, žena osta i dalje u neizvesnosti o njenoj bolesti, mada mi sumnjamo da bi i veterinarska klinika mogla pružiti preciznije objašnjenje. Nauka se još ne razume mnogo u ljudsko, a kamoli u životinjsko telo. A tek u dušu! Da i ne govorimo o odnosu ovog dvoga, koji je danas neistražen barem onoliko koliko poneka brazilska prašuma. Inženjerova žena, na primer, beše uverena da sve veća telesna slabost njenoga psa vuče infekciju pravo iz duše. Kada bi zadržala pogled na kerušinom sve mršavijem telu, na njenoj iskrzanoj dlaci bez sjaja, čiji bi se čitavi prameni zalepili za šaku kada bi je pogladila, na ispalim kostima plećke i njuške i na tupom pogledu, onda bi ona, jasno, osetila jako iskušenje da izvorište zla potraži u crevnim parazitima, u sakagiji, srčanoj mani itd. Ali ona je bolje poznavala, ili je mislila da bolje poznaje tegobu životinje. Nedostaje joj sloboda, mišljaše. Sloboda u koju spada i pravo da živi uz gospodara koga je sama izabrala, uz inženjera. Nedostajao joj je gospodar. Žena nije bila sentimentalna, ona nije precenjivala taj vid slobode, mada je on bez sumnje imao velikog udela u fizičkom propadanju životinje, ali je svom ozbiljnošću i svom snagom svoje duše bila uverena da uzročnike kerušine bolesti ne treba tražiti u krvnim sudovima, u kostima, u zubima, u mišićima.

Ženu je u njenom uverenju učvrstilo i to što se stanje keruše naočigled naglo pogoršalo posle posete Čobancu; bilo je jasno da je oživljavanje uspomena na stari srećni život ubrzalo proces samointoksikacije. Nije htela da živi dalje onako kako je živela. Pa zar se može i drugačije? — sigurno se pitala u sebi, pomišljajući na padine obasjane suncem ili na pačje pojilo u Čobancu, dok joj je osećanje prožimala bleda senka inženjera u šeširu i sa štapom, kako korača pozadi nje. E pa, ako ne može tako, onda neka ne bude nikako! Možda je čak i davnašnji ujed zolje ulio meda u njeno sećanje. U tome se sastojala, bar po mišljenju inženjerove žene, kerušina bolest, pa je izgledalo sasvim beskorisno da se propadanje njene duše meri termometrom gurnutim u stražnjicu.

Ali sustanar Andraš Paći, koga je očito njegova žena obaveštavala o događajima u susedstvu, jednoga dana zakuca na vrata s pitanjem da li bi mogao dovesti jednog svog prijatelja koji je slučajno veterinar i koji mu je upravo večeras došao u posetu. Gospođa Anča neće morati ništa platiti, ponovio je više puta sa sumnjivom odrešitošću, neka je za to ne boli glava. Mali mašinista s naočarima beše uzeo tako čvrst, poslovan izraz lica da bi čak i slepac na njemu video raznaženost. Već davno nije sretao ženu, davno nije ulazio u njenu sobu, pa je sad jedva skrivao zaprepašćenje pred onim što je i na jednoj i na drugoj video. Žena kao da beše ostarila za deset godina, a njena soba, koja je ranije uvek bila čista i određena kao šahovska tabla, odražavaše sada, prljavštinom i prašinom, razbacanim elementima svoga sklopa, potpunu unutrašnju razlabavljenost stanovnice, krajnju nedisciplinu jedne umorne duše. Činjenica da je bez reči opiranja primila pomoć beše još jedan dokaz opadanja njene otporne snage.

Veterinar, lep i visok mlad čovek, upadljivo je mucao. Srećom je njegova praskava borba sa suglasnicima unekoliko ublažila pogrebno raspoloženje koje vlada u svakoj bolesničkoj sobi. Ušao je u prostoriju zračeći iskrenu dobru volju prema čoveku, životinji, nameštaju, i čak celoj vasioni, sa cvetom u zapućku i srdačnim smehom spremnim da prasne u svakoj prilci koja mu se pruži. Spuštajući lekarsku

torbu pored sebe na pod, odmah je seo u onu naslonjaču s presvlakom od ripsa boje duvana koja je proteklih godina — otkad inženjer beše odsutan — služila keruši kao dnevni ležaj. Sama Niki nije se mogla videti, skrivala se pod jednim ormanom.
 Više se i nije pojavila. Izgleda da je u to vreme, u poslednjim satima života, već bila sita iskustva sa ljudima pa više nije želela da sklapa nova poznanstva. Uporno je odolevala svakom nagovoru, nije izlazila ispod ormana. Veterinar je legao celom svojom dužinom na pod, pa je dugo i požrtvovano grabio rukama pod orman, ali nije mogao dohvatiti životinju koja se beše pribila uza zid; kada je pak zatražio štap, kišobran ili metlu da njima dopre do keruše, žena je bez reči zatresla glavom, a onda, boreći se sa suzama, zamolila mladoga čoveka da prestane sa pokušajima. Sustanar Paći se sa tim saglasio, i spustivši krišom komad domaće kobasice na ženin noćni ormančić, zajedno sa veterinarem napustio sobu.
 Žena je provela tešku noć. Uzalud je dozivala kerušu, ova više nije izlazila iz svoga skrovišta. U početku se povremeno još čulo neko slabašno mrdanje ispod ormana, ali kada je žena nastavila da je nagovara, i jednom se, iscrpena, grčevito zaplakala, životinja konačno ućuta. Posle kratkog vremena žena zasvetli pod orman jednom noćnom lampom; keruša je ležala na podu ispružena celom dužinom, nepokretna, sklopljenih očiju, i nije se mrdnula ni kad je na nju pala električna svetlost.
 U ponoć je žena legla. Ali uzalud beše ugasila lampu, spavati nije mogla. Znamo da noćni mrak i samoća grubo raspinju nadražene nerve i da iz tišine izmamljuju glasove koji nikad nisu zazvučali, mese iz ničega strašna priviđenja. Žena se ne mogaše osloboditi predstave da joj keruša umire ispod ormana, da je možda već i mrtva. Za svoje umirenje mogla je navesti samo to da je Niki popodne bila popila malo mleka i da u toku dana nije izgledala nimalo bezvoljnija ili umornija nego bilo koga dana te nedelje — ali šta je to dokazivalo? Znala je, čula je da se životinje u času umiranja stidljivo sakriju; a kuda bi se Niki inače mogla sakriti u ovoj sobi, nego pod orman? Ustala je, klekla pred orman,

osluškivala: disanje životinje nije se čulo. Pozivala ju je, ali odgovor nikakav nije stizao.

Nije se vratila u krevet, znala je da ni inače ne bi mogla zaspati. Uostalom, osećala je da ne bi bilo pristojno da spava u krevetu dok joj keruša izdiše na golom podu, u mraku pod ormanom, punom paučine i prašine. Da je životinja bar ovaj poslednji posao svog života mogla obaviti napolju, na mekoj, rastresitoj zemlji, gde bi poslednjim pokretima mogla da se ugrebe u zajedničku grobnicu svih živih bića! Na stvari života i smrti ona je gledala sa ženskom trezvenošću — naročito u to vreme, kada joj ni samoj ne beše do života — ali njena osetljivost zato nije bila otupela: znala je šta je nedostojan život i nedostojna smrt. I očajanje joj je dobrim delom poticalo odatle što nije mogla ispuniti svoj poziv žene, što ni tu ni tamo nije mogla pomoći.

Sedela je do jutra u ripsanoj naslonjači boje duvana, pod prozorom kroz koji je svetlost jakih električnih lampi na Trgu Marije Jasai slala srebrnaste odsjaje. Negde u zoru zaspala je sedeći, možda u nadi da će se Niki, pošto čuje kako ona ujednačeno diše, ponovo osmeliti da izađe na svetlost dana. Probudila se od glasnog govora i koračanja u predsoblju, a onda su se njena vrata bez kucanja otvorila. U sobu je ušao njen muž, sa malim buketom žutog cveća u ruci.

U ovom trenutku oni oboje stoje ispred ormana i ćute. Inženjer, koji je za poslednjih pet godina štošta doživeo i svako telesno i duševno poniženje podnosio sa besprimernim spokojstvom, izgubio je, izgleda, usled uzbuđenja koje mu je nametnuo ovaj događaj, kontrolu nad sobom: saznavši za kerušinu smrt, on se zaplakao. Da je Niki izdahnula te da sad leži pod ormanom mrtva, to je već izvesno. Ako bi čula glas gospodara, dopuzala bi do njega makar i poslednjom snagom. On stoji, ramenom oslonjen na orman, i suši suze; gleda kerušin opusteli ležaj u kutu, na kojem se vidi komad suve kore hleba. Žena ga tronuto grli; ona je sada svesna samo toga da su joj vratili muža. Po stoti put ga pita kako je pušten, kada su ga obavestili o puštanju, i da li je zdrav, da li bi da jede, da legne, da spava. Inženjer joj ćutke steže ruku.

— Pa jesi li bar saznao zašto su te zatvorili?
— Nisam saznao — kaže inženjer.
— A to zašto su te pustili?
— Nisam — kaže inženjer. — Nisu mi rekli.

Zasad, žena je ormanu okrenuta leđima. Ali ona zna da joj još predstoji težak zadatak: Niki mora biti pokopana. Pošto nema njenu fotografiju, sačuvaće jedan kamičak koji je pre neki dan našla pod ćilimom, kao jedinu uspomenu na njen kratki život.

Beleške

Jasai, Marija — Jászai Mari (1850—1926), jedna od najvećih mađarskih dramskih glumica, odličan recitator, najbolji interpretator Petefijevih (Petőfi) stihova.
Kiš, Jožef — Kis József (1917—   ), filmski reditelj. Za film *Omladina sveta* primio je Međunarodnu nagradu za mir (Nemzetközi Békedij).
Landler, Jene — Landler Jenő (1875—1928), istaknuta ličnost radničkog pokreta u Mađarskoj. Jedan od vođa velikog štrajka železničara 1918. godine.
Legradi, Karolj — Légrády Károly (1834—1903), osnivač štamparije, pokretač i urednik lista „Pešti Hirlap" (Pesti Hirlap, 1878).

TIBOR DERI I NIKI

U mađarskoj književnosti dvadesetog veka Tibor Deri (1894—1977) zauzima jedno od najznačajnijih mesta. Odrednice u književnim leksikonima i opštim enciklopedijama obično ističu da je Deri autor monumentalnog romana *Nedovršena rečenica* u kojem je dao sveobuhvatnu sliku mađarskog društva tridesetih godina. Međutim, sagledano u celosti, delo Tibora Derija znači mnogo više; ono je, kako ističe Imre Bori, „ogledalo mađarske književnosti našeg veka". Gotovo svaki umetnički pokret koji je u prvim decenijama ovog stoleća prohujao Evropom ostavio je trag u njegovom stvaralaštvu, tako da njegove rane pesme, romani i drame odslikavaju nastojanja svih mađarskih pisaca da u jednom uzavrelom društveno-istorijskom razdoblju pronađu prave mogućnost za svoje umetničko izražavanje. Već je i to brzo odbacivanje umetničkih pravaca svedočilo o spisateljskoj umešnosti Tibora Derija. Za umetničku i intelektualnu sintezu koju je, svesno ili nesvesno, postavio sebi u zadatak kada je započeo *Nedovršenu rečenicu,* bilo je neophodno ovladati zanatom, otkriti prednosti i mane pojedinih postupaka, i u isto vreme steći ironičnu distancu prema vlastitom stvaralaštvu.

Lutanje između različitih mogućnosti ili nužnosti nije odlika samo Derijevog dela već i njega samog, kao što je, u izvesnom smislu, odlika tog razdoblja mađarskog društva u celini. Smene su munjevite: prvi svetski rat završava se porazom; odmah posle toga sledi građanska revolucija (oktobar 1918) kada građansko-demokratska vlada Mihalja Karoljija proglašava nezavisnu republiku Mađarsku; samo nekoliko meseci kasnije (mart 1919) dolazi do proleterske revolucije i proglašenja Mađarske Sovjetske Republike; u avgustu iste godine, uz pomoć strane intervencije, na čelo zemlje dolazi vođa kontrarevolucije Horti, koji uvodi krvavi teror, proglašava zemlju „kraljevinom" a sebe „regentom", i u godinama koje dolaze (pogotovo posle dolaska Hitlera na vlast) sve više se vezuje za Nemačku.

Poraz revolucije i Hortijev teror primorali su Tibora Derija, kao i sve pisce sklone socijalističkim revolucionarnim stremljenjima, na višegodišnju ili trajnu emigraciju. U Derijevom slučaju taj osećaj gubljenja tla ispod nogu, i to u doslovnom smislu reči, nadovezao se na njegov već postojeći osećaj „da ne pripada nikome". Rođen u imućnoj građanskoj porodici u Budimpešti, Deri je još kao dečak počeo da oseća stege porodice i porekla („porodica me je zarobila" — napisaće u autobiografiji). Slabog zdravlja, oboleo od tuberkuloze kostiju, osnovnu školu je učio u bolesničkom krevetu, što je još više povećalo osećaj odvojenosti od sveta. Ozdravljenje i ulazak u svet, suočavanje s njegovim surovostima, podstakli su u njemu plamen bunta, koji veoma brzo zadobija opšte, društvene dimenzije. Deri postaje revolucionar u isto vreme kada njegov otac, potresen nacionalizacijom imanja, izvršava samoubistvo skokom sa petog sprata. Oduševljavanje jednom stvarnošću i grubo suočavanje s drugom postaće tako glavna tema Derijevog pisanja, ali i životna činjnica koja će ga pratiti sve do smrti.

„Čini mi se da ličim na brod koji polazi i po usputnim lukama uzima gorivo", napisao je o sebi Tibor Deri. Godine posle poraza revolucije, kada je kao mlad i politički angažovan pisac morao da napusti Mađarsku, karakteristične su kako po njeogvim lutanjima prostorima evropskog kontinenta, tako po lutanjima širom svih avangardnih pokreta. Iako je to, u spisateljskom smislu, vreme kada Deri „peče zanat", on za sobom ipak ostavlja vredna ostvarenja. Ekspresionistički romani *Usklik u dva glasa* i *Na drumu*, dadaistička drama *Džinovsko odojče*, nadrealistička poezija i roman *Smrkava se, jagnjad krvari* predstavljaju značajna ostvarenja u kontekstu mađarske varijante dotičnih pravaca. U međuvremenu, kao kakav preteča bitnika i Keruakovog dela *Na putu*, Deri luta Evropom, živi u Italiji, Skandinaviji, srednjoj Evropi, Španiji. U Italiji je, kako piše u svojim ispovestima, „živeo na hlebu i narandži"; u Norveškoj „na hlebu i haringi, udišući punim plućima vazduh slobode, boraveći mesecima na drumovima sa ruksakom na leđima"; u Palma de Majorki hranio se „sirom, hlebom i narandžama". To je vreme u kojem, uz njegovu stalnu političku aktivnost, sazreva njegovo umeće pisanja, jača njegova spisateljska disciplina. Kada na Badnje veče 1933. godine, u jednoj kafani u Beču, zapisuje prve celovite rečenice buduće *Nedovršene rečenice*, on je četrdesetogodišnjak koji uviđa da je najzad, posle mnogo zabluda, „postao pisac".

Sva ona pitanja koja su i ranije opsedala Derija kao čoveka i pisca, pre svega problem klasne pripadnosti i nerazumevanja između pripadnika različitih društvenih slojeva, ponovo se postavljaju u ovom romanu, ali se njihov odgovor traži u sveobuhvatnoj slici mađarskog društva tokom tridesetih godina. Na više od osamsto stranica Deri opisuje „revolucionarnu napetost" tog razdoblja, i stvara bogatu galeriju likova: od radnika koji se potpuno posvećuju klasnoj borbi, preko intelektualaca koji tragaju za rešenjima egzistencijalnih pitanja, do pripadnika građanske klase koji doživljavaju propast i ljudsku tragediju. *Nedovršena rečenica* je, kako je kritika zapazila, napisana „korigovanom" prustovskom tehnikom, kombinovanom očigledno sa ironično-esejističkim postupkom svojstvenom Tomasu Manu. Iako se tok pripovedanja, u osnovi miran i staložen, prekida refleksivnim, esejističkim umecima, dok se vremenska ravan u neprekidnim bleskovima otvara prema prošlosti i budućnosti, roman u stvari predstavlja čvrstu kompozicijsku strukturu.

Tibor Deri je *Nedovršenu rečenicu* smeo da objavi tek posle oslobođenja (1947), ali je odmah bilo jasno da je mađarska književnost dobila svoj veliki roman. Izgledalo je da se time okončavaju stradanja Derija kao čoveka i kao pisca. Kada se nekoliko godina pre drugog svetskog rata vratio u Mađarsku, u kojoj je i dalje vladao Horti, bio je primoran da „životari od sitnih uredničkih poslova i prevođenja", ali nije mogao da objavljuje. Sada, posle oslobođenja, mogao je da pokuša da potraži odgovore na pitanja koja je postavio u svom romanu, i to u okvirima novog društvenog poretka. Deri je napravio ambiciozan plan da, pod jednostavnim naslovom *Odgovor*, napiše četvorodelni roman u kojem će nastaviti da prikazuje put svog radničkog junaka od tridesetih godina do tadašnjeg trenutka. Iako je pre toga dobio Košutovu nagradu (1948), najviše državno priznanje, kritika je već drugu knjigu *Odgovora* nemilosrdno dočekala. Deri je postao jedan od onih žrtvenih jaraca, neophodnih zahtevima socijalističkog realizma i šematizma, koji su cvetali u vreme staljinisičke vlasti Rakošija i kritičarske vlasti Jožefa Revaija. U znak odgovora na napade kritike i partije, Deri se aktivnije politički angažuje i čak neposredno učestvuje u burnim događajima 1956. godine. Zbog toga će provesti nekoliko godina u zatvoru (1957—1960), a po izlasku na slobodu formuliše stav koji, kako primećuje Imre Bori, treba da bude svojevrsna obaveza za mađarskog pisca: pisac nije dužan da odgovara, nego da stalno postavlja pitanja.

U ovom razdoblju svoga stvaralaštva, u kojem je nastala i povest o Niki, Tibor Deri se najviše posvetio pitanjima stvaralačke i građanske slobode, i odnosa slobode i nužnosti. Iako je pre toga izgledalo da je prihvatio načela lukačevskog realizma, Deri i u svojim novim delima nastavlja da eksperimentiše formom i izrazom, nastojeći da pronađe čvrste konstante u svojoj spisateljskoj promenljivosti. Prividno realistična, ova njegova dela — priče, novele i romani — zaogrću se plaštom simbola i parabola, poigravaju se književnim konvencijama, i insistiraju na tome da je književnost jedina prava stvarnost za pisca. Roman *Gospodin A. G. u gradu X.* (1964) jeste „filozofsko polaganje računa o brigama koje su iskušavale pisca tokom celog života" (Mihalj Cine), utopija u kojoj Deri priznaje da „nema odgovora na velika pitanja: stvarnost pokazuje samo svoje naličje, sve se pretvara u sopstvenu negaciju" (I. Bori). Roman *Izopćitelj* (1956), biografija svetog Ambrozija, govori o tome kako se pravo ljudsko osećanje pretvara u krutu dogmu. Deri potom objavljuje i izuzetno iskrenu autobiografiju, pod naslovom *Nema presude* (1969), dok dramom *Imaginaran izveštaj sa jednog američkog pop-festivala* (1971), koja predstavlja nastojanje da se protumači hipi-pokret, potvrđuje spremnost da bude u toku s najsavremenijim zbivanjima u kulturi i umetnosti.

Kratak roman *Niki* objavljen je 1956. godine, jedne od onih godina koje su bile ključne za mađarsku istoriju, ali i za Tibora Derija. Povezana neraskidivim nitima za razdoblje koje toj godini prethodi (1948—1956), *Niki* ipak nije ni vešto zamaskiran politički pamflet, niti obična priča o psu (iako je to naglašeno u podnaslovu). Ištvan Seli je već upozorio da ovu pripovest ne smemo da čitamo samo u jednom, bilo kom ekstremnom značenju. Njena slojevitost stoji u obrnutom odnosu s njenom dužinom: na izgled kratka, ona zrači bezbrojnim nivoima mogućih značenja i tumačenja, i svako novo čitanje otkriće nam uvide koje smo ranije propustili. Stoga smatram da *Niki* treba čitati samo na jedan način: kao trijumf pripovedačkog umeća, ili možda kao trijumf umetnosti koja je u stanju da se uzdigne iznad svakog zahteva stvarnosti. *Niki* je jedno od onih umetničkih dela koja nastaju u trenucima stvaralačkih sinteza njihovih autora; u njima prepoznajemo elemente umetničkih pravaca koji su im prethodili, ali i nagoveštaje umetničkih postupaka koji će tek uslediti. Ako na takav način pristupimo čitanju povesti o Niki, možemo biti sigurni da nećemo zloupotrebiti nijednu piščevu nameru.

Nema sumnje da je Deri ipak hteo da se poigra sa totalitarističkim režimom tog vremena, i da je morao da potraži specifičan put. Ali isto tako treba imati na umu da je on u to vreme već uvideo da književnost ne treba da daje odgovore, odnosno, da književnost može da služi samo književnosti. Otuda i danas, trideset godina posle njenog pojavljivanja, čitamo *Niki* kao književno delo a ne kao politički čin. Shvatamo je kao načelno pitanje o ljudskoj slobodi, a ne kao pamflet protiv određenog režima. *Niki* je, međutim, i traktat o ljubavi, tačnije rečeno: o sebičnosti ljubavi, o bolnoj istini da čovek podešava svoju ljubav prema svojim sebičnim zahtevima. *Niki* je, isto tako, *ipak* priča o psu, napisana sa uverljivošću koja će iznenaditi svaku osobu koja bar malo zna o psima; Deri je maestralno odslikao ponašanje i ćud psa, otkrivajući tananosti odnosa između čoveka i životinje. *Niki* je, dalje, parodija realističkog postupka i zahteva koje je socijalistički realizam tada postavljao pred mađarsku književnost. Deri oseća opasnost od političkog i birokratskog jezika, i vešto se poigrava njihovim otrcanim šablonima. (Mužjaci koji jure Niki postaju „toplokrvni mladi aktivisti"; dok putnici prenatrpanog tramvaja gaze inženjeru po žuljevima, „on ganuto misli o tome da svi oni rade na novom poglavlju mađarske istorije"; Niki ne daju na parenje jer „čemu opterećivati društvo novim beskorisnim foksterijerima".) *Niki* se, uostalom, može čitati i kao postmodernističko delo, u kojem je vidna svest autora o ograničenostima svoga medijuma i koji se redovno pojavljuje kao komentator vlastitog dela.

Tako se ova, na prvi pogled jednostavna priča, otvara pred nama kao pravo remek-delo pripovedačke proze našeg vremena. Kao i sva remek-dela, *Niki* ne nudi jednostavan ključ za rešenje. Pored navedenih, čitalac će verovatno pronaći i mnogo drugih mogućnosti čitanja. Pred njegovim očima Niki će, u svojoj prividnoj slobodi, živeti zatvorskim životom svoga vlasnika, a njena potresna smrt delovaće kao iskupljenje, kao žrtva ponuđena za život druge osobe. To je sve što Niki može da ponudi. Lišena reči, lišena mogućnosti da govori, ona nudi sebe da bi spasla onoga koga voli. Ona trpi poraz od zlokobnog, kreštavog papagaja (koji je najverovatnije „papagaj istorije") koji joj zatvara put ka mogućem ozdravljenju; ona umire ne videći slobodu koja otvara vrata njihovog doma u liku napaćenog inženjera Ančija; jedina uspomena na njen kratak život biće kamičak zaostao ispod tepiha. Niki ostaje u nama kao simbol krhke ljudske dobrote, ali i kao upozorenje s kolikom lakoćom ta dobrota može da iščili iz drugih ljudi, a još pre iz nas.

David ALBAHARI

SADRŽAJ

NIKI — — — — — — — — — — — — — — — 7
Beleške — — — — — — — — — — — — — 87
David Albahari: *Tibor Deri i Niki* — — — — — — — — — 89

RAD
Beograd
Moše Pijade 12

*

Glavni urednik
Dragan Lakićević

*

Za izdavača
Milovan Vlahović

*

Lektor
Jovanka Arsenović

*

Korektor
Milica Stambolić

*

Nacrt za korice
Janko Krapek

*

Štampano
u 8.000 primeraka

*

Štampa
GRO „Kultura"
OOUR „Slobodan Jović"
Beograd
Stojana Protića 52

CIP — Каталогизација у публикацији
Народна библиотека Србије, Београд

894.511-31

ДЕРИ, Тибор

Niki: priča o jednom psu / Tibor Deri; [s mađarskog preveo Aleksandar Tišma; pogovor David Albahari]. — Beograd: Rad, 1988. — 93 стр.; 20 cm. — (Reč i misao. Nova serija; 386)
Превод дела: Niki—Tibor Deri i Niki: стр. 89—93.
ISBN 86-09-00159-8
894.511(091)-31
ПК:а. Дери, Тибор (1894—1977)

ISBN 86-09-00159-8

www.ingramcontent.com/pod-product-compliance
Lightning Source LLC
LaVergne TN
LVHW051604080426
835510LV00020B/3129

GOVERNMENT JOB SECRETS

Your Path to Success

ARMAND R. CURET

TABLE OF CONTENTS

Introduction 3
Why Even Try? 6
Hiring Preferences 12
Your Next Job 21
Your Salary 30
Horrible Resume 33
Federal Resume Example 40
You Are Referred 46
Success Formula 48
The Untold Truths 50
Interview Obstacles 55
The Job Offer 63
The Negotiations 66
What to Expect 70
Working to Death 74
Success Stories 79
Your Questions 94
Acknowledgments 104
About the Author 105